# 日本経済の
# 構造改革

佐藤真人／中谷　武
菊本義治／北野正一 著

桜井書店

# まえがき

　いま構造改革は国民的テーマである。1990年代初めから続く長期不況は，依然として出口が見えない。さらに日本人の我慢の限界を試すかのように，「あってはならない」ことが続々と明るみに出ている。政治家，官僚，経営者の実情に対する国民の苛立ち，怒りは臨界に達しようとしている。日本はどうなるのか，現状からどう脱出するのか。経済学は，これに答えなければならない。本書は，私たちなりの答である。

　執筆者四人は兵庫労働総研（兵庫県労働運動総合研究所）の会員で，一般の勤労市民の会員と話し合う機会が多い。幸か不幸か，話題には事欠かない。森首相から小泉首相へ，愛子さん誕生，山一，雪印，世界貿易センター，阪神タイガース，ムネオハウス，瀋陽の総領事館駆け込み……，どれもドラマチックである。私たちは，このような話題に自分の感想，考えを述べる。しかし，それだけではない。安心して食べられるものがない。農業がつぶれ，商店街が寂れて行く。工場が外国へ出て行く。教育が崩壊している。どう考えればいいのか。われわれが働いて貯蓄したお金はどうなっているのか，どこへ行ったのか。日本の経済力を活用すれば，もっと国民生活は向上するはずである。なぜできないか。どれもありきたりの答を許さない根源的な疑問である。私たちは議論をしているうちに，適当な受け答えを繰り返すだけでなく，本気で調べたり考えたりする必要があるし，その値打ちがあると思うようになった。これが本書を書くことになったキッカケである。

　当初は単にこれまでに出版した研究資料をまとめればいいと気軽に出発したが，いざ書くとなると簡単ではなかった。思い切って論点を絞って四人で分担したが，途中で問題が続出した。労働総研の事務所で，何回も議論を重ね，打ち合わせを行った。研究会の後，夕食をしながら話したことも，忘れられない思い出である。

　本書は，執筆者がすでに理解していることをわかりやすく書いた教科書では

ない。私たち自身，自問自答しながら書いた部分も多い。不十分な点，果たすべき課題が残っていることは承知している。この点については，今後さらに研究，調査を進めることを約束して，お許し願いたい。そして，読者のみなさんにはぜひ自ら「日本経済の構造改革」を考えていただきたい。そもそも「日本経済の構造改革」は，多くの研究者と現場で働いている人々の共同作業で進めるべきテーマである。本書が，読者と私たちの共同作業のキッカケになれば幸いである。

　ともあれ紆余曲折を経て，本書はでき上がった。多くの方々のおかげであるが，特にお二人には，ここでお礼を申し上げたい。労働総研の事務局長，出口俊一氏は連絡，調整など面倒な作業を手際よく，裁いてくださった。もう一人は本書の名づけ親，桜井書店の桜井香氏である。「日本経済の構造改革」は，いい名前である。どう育ってくれるか，一番心配しているのは桜井氏だろう。

　　　2002年5月

著者一同

# 目　次

まえがき　3

## 序　章　日本経済の構造改革……………………………菊本義治　13

- 1　批判者としての「構造改革」……………………………………13
- 2　グローバリストとしての「構造改革」…………………………15
- 3　破壊者としての「構造改革」……………………………………16
  - 1）公正な競争　16
  - 2）雇　用　17
  - 3）社会保障・福祉　17
  - 4）地域経済　18
- 4　生活重視の構造改革………………………………………………18

## 第1章　平成不況と構造改革……………………………佐藤真人　21

- はじめに………………………………………………………………21
- 第1節　歴史的な平成不況…………………………………………22
  - 1　制度疲労………………………………………………………22
  - 2　日本経済の枠組み……………………………………………24
  - 3　改革の方向……………………………………………………25
- 第2節　日本経済の特質……………………………………………27
  - 1　財・サービスの使途…………………………………………27
  - 2　経済循環………………………………………………………30
  - 3　貯　蓄…………………………………………………………30
- 補　論　家計貯蓄の構造……………………………………………34
  - 1　家計の動機……………………………………………………34
  - 2　家計貯蓄の構造………………………………………………35
    - 1）貯蓄残高の階級別分布　35
    - 2）貯蓄残高格差の推移　35
    - 3）貯蓄の種類　35
    - 4）負　債　37

        5) 負債の原因　38
        6) 職業別貯蓄残高　39

　第3節　「お金の流れ」(資金循環) ……………………………………… 39
    1　制度部門の資金過不足 ………………………………………………… 40
    2　制度部門の資金過不足：国際比較 …………………………………… 41
    3　制度部門の資金運用，資金調達 ……………………………………… 42
        1) 家　　計　43
        2) 企　　業　43
        3) 政　　府　44

　第4節　蓄積されたもの(資産) …………………………………………… 45
    1　資本蓄積 ………………………………………………………………… 46
    2　蓄積されたもの(資産) ………………………………………………… 49

　むすび ………………………………………………………………………… 51

第2章　グローバル化と国民生活 ……………………… 中　谷　　　武　53

　はじめに ……………………………………………………………………… 53

　第1節　グローバル化の進展 ……………………………………………… 54
    1　1970年代オイル・ショックと貿易拡大 ……………………………… 54
    2　1980年代円高と海外進出 ……………………………………………… 56
        1) 輸出の拡大と貿易摩擦　56
        2) プラザ合意と対外直接投資　57
        3) 超長時間過重労働　59
    3　1990年代不況とグローバル化 ………………………………………… 61
        1) 海外投資のアジア・シフト　61
        2) 逆輸入と空洞化　62
        3) 失業と非正規雇用の増大　65

　第2節　グローバル化推進論とその背景 ………………………………… 67
    1　資源小国・輸出立国の宿命 …………………………………………… 68
    2　貿易の利益と国際分業論 ……………………………………………… 73
        1) 貿易の利益　73
        2) 貿易利益の限界　75
        3) 対外直接投資と調整メカニズムの攪乱　77
        4) 空洞化抑制の「メカニズム」　78
    3　グローバル化の世界的背景 …………………………………………… 80

　　　　1）世界経済の構造変化：高度成長から低成長へ　80
　　　　2）新自由主義的「小泉構造改革」　82
　　　　3）逃がした構造改革　84
　第3節　グローバリゼーションと日本経済の方向 …………………… 85
　　1　グローバル化の問題点 …………………………………………… 86
　　　　1）経済格差　86
　　　　2）黒字累積の問題性　87
　　　　3）輸出競争力と円高構造　90
　　　　4）国内政策への影響　92
　　2　グローバル化と国民の選択 ……………………………………… 93
　　　　1）雇用の安定　94
　　　　2）バランスある国民経済　96
　　3　日本のグローバル化の方向 ……………………………………… 98
　補　論　日・米・EU・アジア多国間国際産業連関表を
　　　　　使った試算 …………………………………………………… 101

# 第3章　成熟経済における福祉のあり方 ……………… 菊本義治 105

　はじめに ………………………………………………………………… 105
　第1節　福祉を敵視する「構造改革」………………………………… 105
　　1　「構造改革」の誤った主張 ……………………………………… 106
　　　　1）福祉は怠け者を生み出すか　106
　　　　2）福祉は経済を停滞させるか　109
　　　　3）財政危機論による福祉削減　110
　　2　「構造改革」はなぜ福祉を嫌うのか …………………………… 112
　　　　1）長期不況　112
　　　　2）グローバリゼーション　114
　　3　どのような構造改革が必要か …………………………………… 115
　　　　1）破壊の「構造改革」　115
　　　　2）既得権益に執着する「抵抗勢力」　116
　　　　3）低成長期の経済構造　117
　第2節　生涯生活権としての福祉 ……………………………………… 118
　　1　ライフサイクルの変化 …………………………………………… 118
　　2　社会保障の問題点 ………………………………………………… 120
　　　　1）医　療　120
　　　　2）年　金　120

　　　　3）介　護　120
　　　　4）保険制度の複雑さ　121
　　3　社会保障の基本政策……………………………………………………… 121
　　4　雇用の受け皿としての福祉…………………………………………… 124
　　　　1）完全雇用政策　124
　　　　2）雇用創出政策　125

　第3節　福祉の国際比較……………………………………………………… 131
　　1　福祉の財源問題………………………………………………………… 131
　　　　1）増大する社会保障費　131
　　　　2）国際的には社会保障費は低い　132
　　　　3）公費負担が低い　134
　　　　4）福祉と公共事業　136
　　2　国民の選択……………………………………………………………… 137
　　　　1）社会保障と国民負担率　137
　　　　2）雇用保障　138
　　　　3）公的負担　139
　　　　4）公的負担の財源問題　140
　　3　福祉レジーム…………………………………………………………… 141
　　　　1）エスピン-アンデルセンの福祉類型論　141
　　　　2）自助・共助・公助　142
　　　　3）競争型，裁量型，共生型　143
　　　　4）レジームの選択　144
　　　　5）共生型システム　146

第4章　自立した地域経済像を求めて ……………… 北 野 正 一　149

　はじめに ………………………………………………………………………… 149
　第1節　もうひとつの構造改革：集権から分権へ……………………… 150
　　1　集権制の成立…………………………………………………………… 150
　　　　1）民族独立　150
　　　　2）大日本主義　150
　　　　3）財政基盤と政党政治　151
　　　　4）大正デモクラシー　152
　　　　5）重化学工業化の頓挫と政党政治の終焉　153
　　　　6）軍官の統制経済　153
　　　　7）戦後改革と高度成長　154
　　2　集権制の破綻とネオ・ナショナリズムの台頭…………………… 155
　　　　1）戦後の保守政治　155

         2） 大国主義とナショナリズムの台頭　156
   3　分権の歴史 ……………………………………………………… 158
         1） 江戸と明治　158
         2） 大正デモクラシーの挫折　160
         3） 革新自治体の教訓　161
 第2節　地域の産業像 …………………………………………………… 163
   1　ニーズとシーズの発見 ………………………………………… 165
         1） ニーズ＝需要　165
         2） シーズの発見　167
   2　地域集積型産業：多数の中小自営業とそのネットワーク ……… 169
         1） 大都市の産業再生例：ピッツバーグ　170
         2） 地場産業の事例：神戸のケミカルシューズ産業　171
   3　コミュニティ型産業 …………………………………………… 173
   4　農業の自立産業像を求めて …………………………………… 175
         1） 自立農業（農林漁業）の再生像　176
         2） 比較：自由貿易か，自給・自立か　178
   5　地域型銀行 ……………………………………………………… 181
         1） 決済業務と情報生産能力　181
         2） 地域型銀行の潜在能力　182
         3） 個人貯蓄の保全と活用　184
 第3節　自立した地域経済と国内外との連帯 ………………………… 187
   1　個人の自立基盤としての地域 ………………………………… 187
         1） 創意と連帯　187
         2） 依存から自立へ　188
         3） 連帯の障害　188
         4） 地域と基礎自治体が基盤　189
   2　国内連帯 ………………………………………………………… 189
   3　国際連帯 ………………………………………………………… 192
         1） 国際派の危険　192
         2） 国際連帯の途　192
         3） 対中脅威論　193

# 日本経済の構造改革

*序章*
# 日本経済の構造改革

菊本義治

## 1　批判者としての「構造改革」

　10年以上も続く長期不況，大量失業，倒産しかもトップ企業や銀行の破綻，財政赤字，土地価格の暴落，賃金カットなど，これまで考えられもしなかったことが続出している。経営者の企業家能力どころか，汚職，商品の内容や産地の不当表示，社会的責任の放棄などモラルの低下もはなはだしい。トップ企業や銀行の社長や幹部が深々と頭を下げて，床に頭をこすりつけて「誠に申し訳ありません」と謝罪する姿を何度も何度も見せつけられた。

　なぜ，これほどまでに日本経済は堕落したのか。多くの人が疑問と憤りと不安を抱いている。結論すれば，第二次世界大戦以後につくり上げられてきた日本経済の制度的な枠組みが疲労を起こし，1970年代以降生じている変化に対応しえなくなっているからである。ここから構造改革の必要性が主張されるようになり，「古い体質をぶっつぶそう」と絶叫する小泉構造改革（以下，「構造改革」）が80％以上の驚異的な国民支持率を得たのである。国民は，10年以上も続くうっとうしい閉塞感を打破してくれることを願って「構造改革」に賭けてみようとしたのである。

　日本経済の病理の特性と原因についてのわれわれの見解は第1章で述べられるが，「構造改革」派は日本経済をどのように診断しているのだろうか。

　彼らは，市場競争原理を無視した保護政策によって競争力のない産業や企業を存続させてきたこと，公金に群がる政・官・財癒着の利益誘導の構造ができあがっていることが，日本経済の活力を弱めたという。

　振り返ってみると，日本は1955年以降，政治的軍事的にはアメリカに依存しつつ，政府の強力な保護のもとに経済主義を貫き通してきた。軍事大国ではなく経済大国の途を歩んできた。そして，高度経済成長を実現し世界有数の経済大国になったのである。国家が一丸となって経済主義を貫いてきたことを世界

から「日本株式会社」と揶揄されるほどであった。

　そのような体制のもとで,強いものが弱いものを守りながら一団となって粛々と進んでいく「護送船団方式」が採用された。たとえば,銀行が金詰りになれば日銀が助けに入り,銀行をつぶさないという政策を実施してきた。銀行はつぶれない,つぶさないという神話が生まれ,実現していた。銀行・金融の安定と信頼が維持され,これによって実体経済の安定と発展をもたらしたのである。

　既得権益のネットワークは何重にも張りめぐらされている。莫大な公金が公共事業などに費やされた。しかも,企業間の談合によって高い値段で入札が行われ,事業請負いの順番までが決められている。公正な競争は行われていない。また,銀行などへの公的資金供与も目にあまる。たとえば,バブル経済期に収益を目的にしてリスクの大きな不動産やバブル産業に資金を供給し失敗したにもかかわらず,70兆円もの銀行救済の公的資金供与の体制がつくられているのである。

　この「日本株式会社」は1970年代までは有効であった。しかし,いかに優秀な制度でも年数を経過すればマンネリ化し衰えてくるものである。どっぷりとつかっていれば,しかもそれがうまくいった実績があれば,変化が生じた際に対応しにくくなる。高度経済成長から低成長経済への転換が求められた1970年代以降,財政赤字や輸出によって一時的には危機をしのげたが,根本的には対応できなかったのである。構造改革の必要性がわかっていても,すでに得ている既得権益に安住して変えようとしない。そのような制度や組織は陳腐化し若さを失っていくのである。

　生じつつある変化に対応するために変革をしなければならない状況になっても,依然として既得権益にしがみつき,それを離さない人たち（「抵抗勢力」と呼ばれている）に対する批判者として「構造改革」が登場したとき,国民は熱い支持を送ったのである。自民党の党首が政・官・財の癒着による既得権益構造をぶっつぶせ,と絶叫するのだから,国民やマスコミが共鳴をするのは無理からぬ話であった。

　「構造改革」派が「抵抗勢力」を批判するのは,国内の利権に主として依存する「抵抗勢力」対グローバリズムに活路を見いだそうとする「構造改革」派

という利害の違いがあるだけではない。さらに言えば，日本経済の現状と将来に対する国民の批判を「抵抗勢力」に向けさせ，根本的な日本経済の構造改革に向けさせないようにするためでもある。

## 2　グローバリストとしての「構造改革」

　国際競争力のある産業や企業を育成しグローバルな競争に勝たねばならない，これが「構造改革」の提言である。グローバル化の是非ならびに今後の展望については第2章において述べられるので，ここでは問題点を簡単に指摘しておこう。

　第1に，グローバル化そのものは一般的に否定できないし，世界に活躍の場を求めることは素晴らしい。しかしいま問題になっているグローバリズムは，アメリカの覇権による世界市場・世界資本主義体制の構築であり，そのなかでの国際資本の利潤争奪・利潤再分配競争なのである（本章ではこの主張者をグローバリストと呼んでいる）。そして，「構造改革」派は国際競争という外圧を利用して，効率の悪い産業や企業をスクラップしようとしているのである。

　第2に，「構造改革」派はアメリカに追随している点である。「構造改革」の主張者はアメリカの信奉者である。たしかに，アメリカは魅力的な国である。世界から人々が集まり，最先端の研究や文化・芸術活動が行われている。政治家も企業家も若々しい。そこにはアメリカンドリームがある。だが，敗北者も多数いる。貧富の差は大きい。力の世界である。

　アメリカは世界の覇権者であり並ぶものなき軍事パワーを誇っている。だが同時に，貿易は大赤字，世界最大の債務国，投機熱に浮かれた国である。これを模倣し日本に適用することはできない。

　第3に，グローバル化によってどのようになるのだろうか。資本輸出は経済を空洞化させ経済を停滞させかねない。日本の場合，自動車・電機など外貨の稼ぎ頭が多国籍化しているのであるから，空洞化は一層激しくなる。

　他方，資本受入国は経済成長のための資金を入手できるかもしれないが，資本移動自由の原則によって経済は不安定にならざるをえない。巨額の国際短期資本が株式市場や為替市場を襲えば，一国の力では到底対抗できない。株価や為替の乱高下を国際投機筋のなすがままに任さざるをえなくなるのである。

## 3　破壊者としての「構造改革」

「構造改革」派の攻撃対象は「抵抗勢力」だけだろうか。そうではない。彼らからみれば，農業など効率の悪い産業，労働組合の力によって「高い」賃金を受け取っている労働者，社会保障の受益者，交付金や補助金に依存する地方自治体も「既得権益の受益者」のなかに入っているのであり，攻撃対象である。むしろ，「抵抗勢力」に対してよりもこれらの層に対する批判のほうが厳しい。というのも，政・官・財の癒着による既得権益受益グループは，1955年以降の日本の政治経済を支配してきたグループであり，このグループの勢力と抵抗は強力だからである。おいそれと粉砕することができないのである。また，そもそも「抵抗勢力」も「構造改革」派も日本の政治経済の支配者という点では同根だからである。

「構造改革」派は破壊者である。国民がこれまで長年の努力によって手に入れてきたものを破壊しようとしている（これらは第3, 4章で検討される）。まず，競争上のルールを破ろうとしている。すなわち，公正な競争をなんでもありの勝ちさえすればよい競争に変えようとしている。次に，国民生活安定のために不可欠な雇用，社会保障・福祉，地方分権を批判攻撃し破壊しようとしている。これらの点を順次述べてみよう。

### 1）公正な競争

「構造改革」派は競争を重視している。たしかに競争は必要である。ライバルの存在がお互いの能力を高める。公正・公平なルールのもとでの競争は創造と発展をもたらす。しかし，力の差が歴然とした競争には発展がない。権力に守られた競争は腐敗を生む。格闘技において重量制などが採用されているように，競争上の公正・公平化のルールが必要である。

あまり力に差のない多数の企業が競争をしていた頃は，競争上の不公平は目立たなかったであろう。だが，企業間格差が大きくなると，競争の出発点が違っているのである。大企業は資本力・情報力などで小企業を圧倒している。権力に癒着したものは競争上圧倒的な優位さを持っている。市場競争は公平ではない。「結果の平等ではなく機会の平等」を言うのならば，一定の規制と保護の政策によって企業間競争格差を是正すべきである。これは資本主義経済における最小限のモラルでありルールである。

「構造改革」派はそのモラルやルールをなくそうとしている。公正な競争ではなく，力あるものに弱いものを蹂躙する自由を与えようとしている。「努力するものが報われる」だとか「挑戦」だとか言っているが，決してそうではない。結果よければすべてよしであり，ハンディによって負けたものを努力しなかったから，能力がないからと一蹴するのである。

2) 雇　用

日本経済はこれまで日本という空間を主軸に経済活動を行ってきた。つまり，国内需要を重視してきた。1980年代に入って輸出に依存する場合でも，生産活動の主力は国内であった。国内生産を主にすることによって，国内雇用を増やし，失業率をせいぜい1％から2％ほどに抑えてきたのである。人手不足であった。

人手不足を背景にして日本型雇用慣行が実施されてきた。すなわち，定年までの終身雇用制度，年功序列型の賃金制度などである。この制度によって企業は安定的に人手を確保しようとし，労働者は定年までの雇用保障と加齢にともなう賃金アップ，少しばかりの貯蓄と退職金と年金によって生活設計をつくってきたのである。

しかしながら，現在，長期不況とそれを理由にしたリストラ合理化によって雇用問題が深刻化している。また，低成長と高齢化によって，これまでの日本型雇用慣行は企業にとって不合理なものになった。すなわち，終身雇用制度は高失業時代には不要である。加齢にともなう賃金上昇という制度は労働者の高齢化によって賃金コストを上昇させる制度になったのである。

企業はコストを減らすために，最も安易な方法つまり解雇と賃下げを実施してきた。また，正規労働者をパートタイム労働者などの不安定で非正規の低賃金労働者に切り替えているのである。「構造改革」派はこの方策を支持し強行している。

3) 社会保障・福祉

社会保障や福祉が権利として認められるようになったのは長い運動の結果であった。当初，労働者などの貧困者に対する救済は人道主義からのものであり，権利として認められてはいなかった。その後，生活保障，健康と生命の保障，人権を求める運動が強まって，社会保障・福祉の考えが定着し，社会的な相互

扶助組織（健康保険制度など）や公的福祉制度が実現するようになった。

この社会保障への「構造改革」派の攻撃はすさまじい。社会保障を悪用している一部の人をすべてのように言って，社会保障は怠け者をつくると批判している。財政赤字の根源だと言っている。第3章で詳しく述べるが，そのようなことはない。大多数の人は厳しい生活環境のなかでも自立している。しかし，自立したくともできない場合がある。たとえば，職がなければ生活できないのである。資本主義経済においては，労働者は生産手段を所有しておらず雇用されなければ生計をたてられない。雇用を保障することこそが先決条件である。

### 4）地域経済

第4章で述べられるように，地域は生活の原点である。かつて，地域コミュニティのなかで子どもたちは育ってきた。年齢や親の職種が異なる子どもたちが共に遊ぶことで社会の一端を学んできた。地域の大人たちは慈愛の目で見つめ，時には小言も言ってルールやマナーを教えてきた。また，商店街や市場はコミュニティの情報交換の場であった。この地域コミュニティは衰退しつつある（再生の運動もある）。

地方自治体に目を向ければ，ほとんどの地方自治体は自主財源が少なく交付金制度に頼っている。財源確保のために中央政府の言いなりになりがちである。中央からの天下りが幅を利かせている。

「構造改革」派は「地方分権」の名において事業を地方に押しつけ，交付金をカットすることで中央政府の財政負担を軽減しようとしている。交付金制度は中央集権維持の仕組みではあるが，現在では地方財政の主要財源になっている。地方自治体の自主財源が少ない現状においては，交付金のカットは地方自治体，とくに産業や企業が少ない自治体ほど打撃を受けるのである。地域経済・地方分権を重視するならば，地方自治体の自主財源を豊かにする租税制度に切り替えるべきである。

## 4　生活重視の構造改革

現在の危機的状況を克服するためには構造改革が必要である。しかし，「構造改革」は国民生活を混乱させ破綻させる。「構造改革」では長期不況を克服できない。むしろ，「構造改革」はこの不況を利用して国際競争力のない産業

や企業をスクラップしようとしているのであるから、不況は一層激化する。不況対策を求める声に対して、「構造改革なしに景気対策なし」、「企業倒産は構造改革の順調な進行」と強弁して本格的な景気刺激を行おうとしないのである。

　企業のスクラップ化はよいことだろうか。いま淘汰されようとしている企業の多くは、これまでの日本経済と雇用を支えてきた企業、とくに中小企業である。彼らは長期不況のなかで必死にがんばっている。日本経済の構造を改革し新たな軌道が確立すれば自立できる企業である。「競争力なし」と切り捨てるのではなく、自立の途を提起することが大切である。

　農業や食料品などを切り捨てればどうなるか。狂牛病などのように危険な食品がいま以上に入り込んでくる。国民の健康と生命は守れない。「構造改革」派が模倣しようとしているアメリカは、農業やエネルギーなどに関しては保護主義国なのである。

　長期不況の痛みにしばらく耐えていれば、「構造改革」によって経済はよくなり、再び高成長が可能になるのだろうか。

　現在の経済構造でも高成長はありうる、潜在成長力を引き出すほどの需要がないから不況・低成長になっているのだ、という「抵抗勢力」とは違って、「構造改革」派は改革を行えば高成長はありうると答える。高成長を期待し、それが実現可能だとしている。

　しかし、技術模倣から創造の時代への転換、少子高齢社会、環境や資源の制約などを考えると、これからの高成長は期待できない。にもかかわらず、彼らはなぜ高成長に固執するのか。それは、高成長つまり高投資によって国内需要を高水準に維持し高利潤を得ようとしているからである。一時的には財政赤字や輸出で高利潤を維持することはできるけれども、長期間にわたって国内で高利潤を得ようとすれば、高成長・高投資が不可欠なのである。

　1970年代以降、経済は大きく変わった。高成長から低成長へ移行した。にもかかわらず、高成長・高利潤に固執するところに日本経済の根本的な病根がある。そこから、環境破壊、財政危機、貿易摩擦、経済空洞化、大量失業などが生じるのである。高成長に託すのではなく、低成長のもとでも国民生活を充実できる途を見つけるべきである。そのような構造改革が、いま切実に望まれているのである。

それではどうすればよいのだろうか。これが本書の課題であるが，結論を先取りすれば，消費率を引き上げ，生活を重視する経済構造に変えることである。日本の貯蓄率は高すぎる。成長力のある国では，ある期間，貯蓄を増やし投資と生産力を上げることに邁進する途もあるが，成長力の低い成熟経済においては高貯蓄の必要はない。

　経済成長率が低くなっても国民生活は困らない。日本は世界有数の経済水準を誇っている国である。個人資産は1400兆円，世界一の債権国，GDPは530兆円，1人当たり400万円である。この力をうまく活用すれば国民生活は豊かで安定したものになる。

　生活の質を改善するためには生活スタイルを変える必要がある。労働時間を短縮し雇用を安定確保する。賃金と社会保障によって現在ならびに将来の生活を安定させる。家族とのふれあい，地域コミュニティでの協力・協同，自己研鑽，創造的な活動などのために時間は使われることが大切である。生活の質的改善が求められる時代には，真の意味での革新と冒険が必要である。われわれの能力をその分野に費やさねばならない。自己改革が不可欠である。

# 第1章
# 平成不況と構造改革

佐藤真人

はじめに

　人体に喩えると，日本経済は相当重い病気にかかっている。病気の影響は，まず弱点に表れる。たとえば，過労の影響がまず歯に表れる，あるいは呼吸器系統に表れるように。経済の弱点は，「お金」を持たない者，孤立した者（社会的弱者）である。経済が病気になったとき，まず負荷がかかるのは社会的弱者である。人体であれ，経済であれ，しわ寄せは弱い部分に向かう。病気が重いほど，しわ寄せもきつい。

　日本経済の病気のしわ寄せが，国民生活に押し寄せている。国民生活の基礎は，仕事があること（雇用）である。いま，雇用が危ない。これに対して何ができるか。個人的には能力を高め，確かな資格を取ることが考えられる。個人の研鑽は必要である。しかし，個人的努力には絶対的な限界がある。10人の求職者に対し1人の求人しかなければ，どのように優秀な10人であっても，なんらかの尺度で順番をつけられ9人は選ばれないからである。経済の仕組みに目を向ける必要がある。

　誰しも病気になれば，早く治したいと願う。単純な明るい見通しほど，耳に心地よいものはない。しかし，うまい話ほど用心すべきであろう。私たちは，この常識を順守して，いわば日本経済の身体検査から始める。まず身長，体重，血圧の測定に該当することを行う。まどろっこしいが，まともな処方を出すためには必要な手順である。

　本章で行う主な検査は，「お金の流れ」という側面から日本経済を診察することである。病気がなんであれ，患部がどこであれ，症状は必ず血液にも表れる。経済において，人体における血液にあたるものは「お金」である。「お金の流れ」をたどって行けば，きっと生活の基礎，雇用を危うくしている日本経

済の病源に行き着く。

　診察結果を，先に要約しておこう。日本経済はほかの主要国と比べると基本的な点で，結構特異である。これに対応して日本経済の「お金の流れ」もずいぶん変わっている。この体質を「ためこみ」（蓄積）優先の体質とでも呼ぶことができるが，この体質の改善（構造改革）が必要である。では，日本経済の「お金の流れ」には，どこに体質的異変があるか。一方で家計の貯蓄，他方で企業と政府の「お金」の使い方に，問題が潜伏している。

　家計は老後や病気・災害に備え，「お金」を貯えざるをえない。日本には，いざというとき頼りになる社会制度がないからである。この「お金」は結果的には，かつて先進国に追い着く急速な経済発展を実現する原資として使われた。ところが先進国に追い着いたいま，この「お金の流れ」が新しい環境に適応しきれていない。国内的には成熟社会，外的にはグローバリゼーションという環境変化のもとで，有効に「お金」が使われていない。この結果がバブルとその破裂，平成不況である。

　家計が貯えた「お金」が，当初の目的，生活の安定，向上につながるように使われるためには，日本経済のどこを，どう改善（構造改革）すればよいのか，調べていこう。

## 第1節　歴史的な平成不況

　現在，20世紀の末から続く長期不況の最中であるが，今回の不況は歴史的である。その意味は，単に今回の不況がかつてなく深刻であるということだけではない。戦後の経済発展を支えた制度，構造の疲労と重なっているということである。

### 1　制度疲労

　今回の不況が深刻であることを2,3の統計で確かめることから始めよう。国民生活の基盤という意味では雇用が重要である。完全失業率は，2001年12月，5.6％と戦後かつてなく高い水準に達し，2001年平均では5.0％となり，これも過去最高となった。しかし雇用は孤立して変化するわけではない。経済全体の

図 1-1 完全失業率と経済成長率

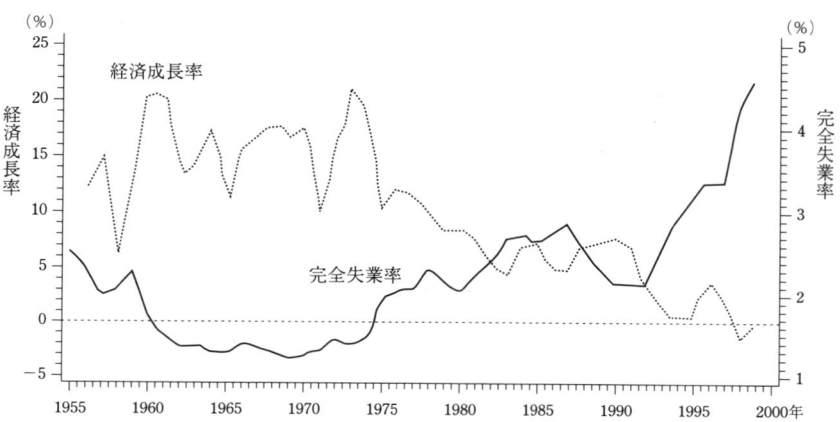

注：完全失業率（季節調整済，％）は，月次データの四半期ごとの平均（右軸）。経済成長率（左軸）は名目GDPの対前年同期比増加率（％）。
出所：総務省「労働力調査」，内閣府「国民経済計算」より作成。

動きと関連している。

　そこで完全失業率と経済成長率を並べてみよう。両者の傾向は対称的である（図1-1）。完全失業率は，1960年代の1％台から傾向的に上昇し，現在，過去最高の水準に達した。経済成長率は1970年代後半以降，傾向的に低下してきたが，現在，戦後はじめてマイナス成長（名目）が起こった。経済成長率は変動を繰り返しているが，その一方で長期的傾向があることも明白である。図1-1から明らかなように，1970年代中頃，高成長から成長率低下へ傾向の変化が起こった。平成不況の成長率低下は，1970年代中頃に起こった傾向変化の延長線上にある。

　雇用するほうの企業でも，状況は歴史的である。企業活動の原動力は儲け（利潤）である。ところが利潤率は，戦後3回目の低い谷底に達したかに見え，1970年代初期，オイル・ショック時の水準まで低下してきた（図1-2）。はたして倒産件数，負債総額も，ともに循環的に変動しながらも記録的な水準にある。負債総額は名目額であることを割り引かなければならないが，戦後最高の水準に達した。倒産件数は戦後3度目の大きな山を迎えようとしているかに見え，2000年度は歴代3位の多さである。

第1章　平成不況と構造改革　23

図1-2 利潤率

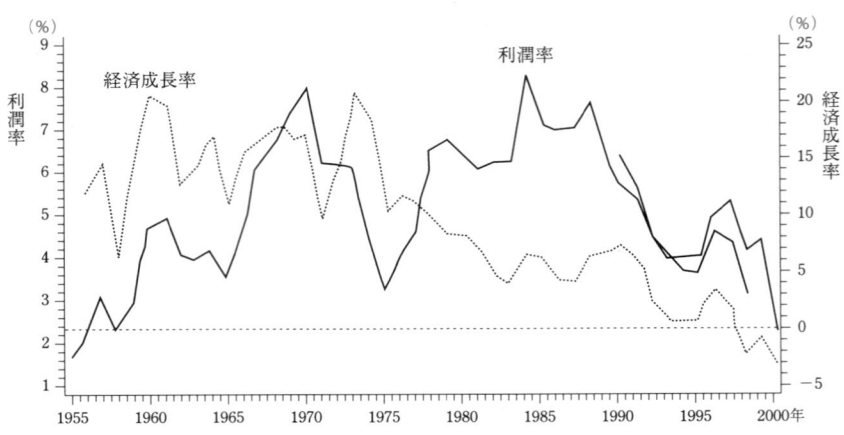

注：利潤率＝民間企業所得／民間企業資本ストック（取付ベース）。1990年価格による場合（1955年より）と1995年価格による場合（1990年より）。
出所：内閣府「国民経済計算」より作成。

　現在の不況はなぜ深刻なのか。現在の不況が深刻なのは，戦後の経済発展を支えた大きな枠組み（構造，あるいは制度）が，うまく機能しなくなったからである。戦後の経済制度がうまく機能しているときも不況はあったが，一過性であった。ところが一過性の好・不況を繰り返すうち，次第に矛盾が蓄積し，制度自身が疲れてきたわけである（制度疲労）。

　因果関係は逆にも働く。制度疲労は不況を深刻にする。というのは制度が疲労すると，これまで個々の企業や家計が将来を予想するとき，確かなものとしてきた条件が変化する。したがって，行動の指針となる長期予想が立てにくくなり，確信にもとづく行動がとれない。経済主体の確信のない行動は，全体の混迷をさらに深める。

## 2　日本経済の枠組み

　では現在，疲労してきた日本経済の制度（大きな枠組み）とは何か。日本経済は資本主義であり，ほかの資本主義と同様，①資金調達，②機械・設備，原材料の調達，③労働力の調達，④生産物の販路，という重要な問題を解決しつつ利益をあげ，発展する。これらの問題に対応する日本なりの方法のことであ

る。日本の資本主義はその成立以来，これらの課題を時代の条件に制約されながらも，日本なりに解決して発展してきた。ところが，戦後の高度成長期に定着した方法（日本型企業経営）がいま動揺している。日本型企業経営とは，①系列（企業グループ），②雇用面では長期雇用，年功賃金（日本型雇用慣行），③主力銀行を通じた資金調達である（メインバンク制）。この動揺が不況を深刻にしている。

日本型雇用慣行と金融システムの場合について説明しよう[1]。日本型雇用慣行は，一方で労働者にその生活と努力が報われることを保証する。他方で企業は，将来必要な労働力を前もって確保することができる。この方法が機能する条件は規模の拡大である。ところが，このやり方は1970年代後半，壁にぶつかった。低成長時代，成熟社会の到来である。現在，雇用状況の悪化を背景にパート・アルバイトによる正規雇用の置き換えが進んでいる。雇用の不安定化は不況を深刻にする。不況→雇用の不安定化→生活防衛・消費抑制→不況というサイクルが不況の進行を強めるからである。

資金調達の方法も変化している。大企業は，1970年代中頃以降，銀行借入による資金調達の割合を低下させてきた。銀行はこの苦境を背景に新たな融資先を求め，結局，不動産，建設業，ノンバンクに向かい，バブルを資金的に支えた。その結果が不良債権問題であり，不況を深めている。

日本経済は戦後，高度成長を終えた後，成長率は徐々に低下してきたが，中位の安定成長は定着せず，ついに深刻な不況に陥ってしまった。

## 3　改革の方向

成熟社会に適応する方向を探るため，条件（日本経済の現実）と基準（国民の希望）を照し合わせてみよう。

現在，深刻な不況期にあるにもかかわらず，明治以降1世紀半，あるいは第二次大戦後，半世紀わたる経済発展の結果，依然として日本は経済大国である。GDP（国内総生産）は，OECD加盟国ではアメリカに次いで世界2番目であ

---

[1]　森岡孝二『日本経済の選択』（桜井書店，2000年）を参照。森岡氏は，日本型経営の危機が不況を深刻にしたことを，雇用と企業の資金調達について詳しく説明している。

る。日本の輸出, 輸入が世界貿易に占める割合は, どちらの場合もアメリカ, ドイツに次いで3番目である。最後に, 外貨準備高は世界一である。

では, 日本の国民は経済大国の現状をどう感じているか（内閣府「国民生活に関する世論調査」2001年9月）。8％が「現在の生活に満足し」, 53％が「まあ満足している」。したがって両者の合計62％は不満層の36.3％を大きく上回る。だだし, ここ数年間, 満足層は逓減し, 不満層は逓増している。不満の内容としては, 多くの人が所得・収入や資産・貯蓄の面で不満を感じ, 老後の生活, 自分や家族の健康, 今後の収入や資産の見通しに悩みや不安を感じている。

最近の世論調査を見よう（『朝日新聞』2002年1月8日付）。社会, 経済状況を反映しているのだろう, 将来に対する不安は強くなっている。60％以上（若い世代では70％を超える）もの人が, 「この10年で日本の環境が悪くなった」と答えている。「今の日本は安全に暮せるかどうか」との設問に対して, 答えは大きく2分されるが, 肯定否定どちらのグループも「10年後, 今より安全に暮せるようになっていない」と考えている。具体的な不安材料として, 「犯罪や交通事故」, 「戦争やテロ」, 「収入の減少や失業」については, 50％以上が「大いに不安」と答えている。

事実と国民の生活実感, 意識を照し合わせると, 課題は明白である。国民は, これまでの経済発展の結果を一応評価している。ただ, 経済の規模が大きいわりには, 将来の生活に不安を感じている。もともとGDPの大きさと国民生活の豊かさにズレはある。GDPは, ある期間に新たに生産された財・サービスの合計金額であるから, 生活水準の重要ではあるが, 一つの目安にすぎない。それにしても, 経済大国である事実と国民の生活実感とのズレは大きい。

国民の意識を尊重するなら, これからの課題は, 世界的にも大きい日本の経済力を国民が安心して暮らせる方向へ活用することである。国民生活の基礎は雇用であるから, もちろん雇用の面での独自の対応が欠かせない。雇用を確保し, 生産性の上昇を国民生活の向上, すなわち労働時間の短縮, 実質賃金の上昇に結びつける社会的ルールの形成が必要である（ワークシェアリング）。同時に, 経済の仕組みに目を向ける必要がある。雇用条件は経済全体の状況, 労働の需要と供給の関係を背景に決まるからである。そのために, まず次節で日本経済の特質を見てみよう。

## 第2節　日本経済の特質

生産された財・サービスが,「お金」という血液によって運ばれ,それを必要とする経済の各部署,構成員に行き渡ることは,経済の健康にとって基本的である。これを経済循環という。日本経済は,経済循環の基本的な側面において普通かどうか,ほかの主要国と比べよう。結論を先に述べると,日本経済は結構特異である。

### 1　財・サービスの使途

ある期間（たとえば1年）に,ある国で新たに生産された財・サービス（＝有用なもの）の合計金額をGDP（国内総生産）という。GDPは,いくつかの角度から見ることができる。まず財・サービスが,どのように使われたかという側面（国内総支出）を見よう。これを日本経済全体についてまとめたのが表1-1である。

表1-1について見よう。国内総支出は,大きく消費（民間および政府最終消費支出）,資本蓄積（総固定資本形成[2]）,ネットでの外国への売り（輸出－輸入）に分けることができる。

1999年度の場合,消費は最大の構成要素でGDPの72％,総固定資本形成は26％で,両者でGDPの大部分を占める。輸出と輸入は差額で見ると構成比は

表1-1　総合勘定1：国内総生産と総支出勘定（1999年度）

(単位：兆円)

| 国内総生産（付加価値） | | 国内総支出 | |
|---|---:|---|---:|
| 雇用者報酬 | 277 (54) | 民間最終消費支出 | 289 (56) |
| 営業余剰・混合所得 | 99 (19) | 政府最終消費支出 | 83 (16) |
| 固定資本減耗 | 96 (19) | 総固定資本形成 | 134 (26) |
| 生産・輸入品に課される税 | 43 ( 8) | 在庫品増加 | △0.7 |
| （控除）補助金 | 4 | 輸　　出 | 52 (10) |
| 統計上の不突合 | 2 | （控除）輸入 | 44 ( 9) |
| 合　　計 | 514 | 合　　計 | 514 |

注：(　)内は％表示の構成比。
出所：『国民経済計算年報』2001年版,内閣府経済社会総合研究所,2001年。

非常に小さい。では，GDPがいろいろな使途に分れる割合を，どう評価するのが妥当か。一つの基準としてほかの主要国と比較してみよう。もちろんいろいろな角度からの比較が可能であるが，ここでは消費と資本蓄積の構成比に注目しよう。また比較といっても，著しく印象的な特徴があるかどうかを観察することにとどめよう。

図1-3は，GDPに占める資本蓄積（民間＋政府）の割合である。日本とほかの国との違いは大きい。日本の総固定資本形成がGDPに占める割合は，全期間にわたりほかのすべての主要国に比して高い。ただし時間的には，どの国も共通して緩やかに低下している。これは日本の消費（民間消費＋政府消費）の割合が低いことの裏側である。つまり日本は，財・サービスの使い方として，現在の消費を抑え，将来の生産増加に備える程度がほかの国に比して高い，しかもその状態が続いているということである。これがGDPが大きいわりに，国民が生活の豊かさを実感できない一つの背景である。

資本蓄積の目的は将来の生産拡大であるが，この実績はどうか。経済成長率をほかの国と比較してみよう。日本の経済成長率は主要国に比して，1970年代中頃まではより高く，それ以降の低下が激しい（表1-2）。要するに，日本は高いときと低いときの差，変化（低下）の程度が，ほかの国に比して大きいのである。

財・サービスのうち資本蓄積に使われる割合が高いこと，経済成長率の低下が著しいことは，第1節で見た利潤率の長期傾向との関係で大きな問題を孕んでいる。資本蓄積が盛んなことは利潤率の分母を大きくし，長期的には利潤率の低下につながる。他方，利潤はGDPの一部であるから，経済成長率の低下は利潤率の分子を小さくし，利潤率の低下につながる。

---

2) 総固定資本形成とは，新たに購入された有形，無形の資産で，次のようなものが含まれる（『国民経済計算年報』2001年版，内閣府経済社会総合研究所，2001年）。
  (1) 有形固定資産：住宅，住宅以外の建物，輸送機器，機械設備等。
  (2) 無形固定資産：鉱物探査，コンピュータソフトウェア，プラントエンジニアリング。
  (3) 有形非生産資産の改良：土地の造成・改良，鉱山・農地の開発，拡張等。

図 1-3　国内総支出の構成：国際比較

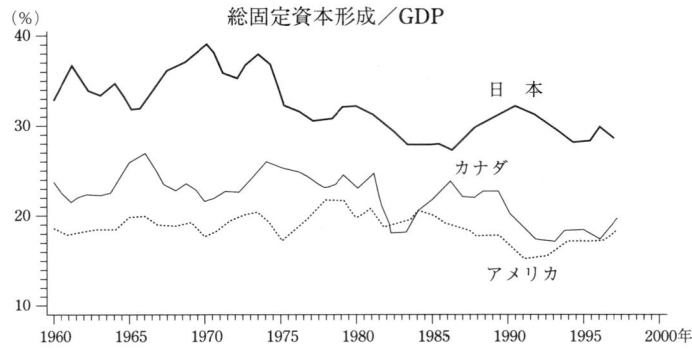

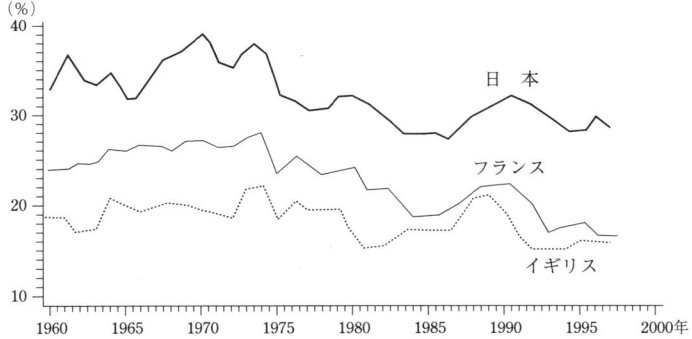

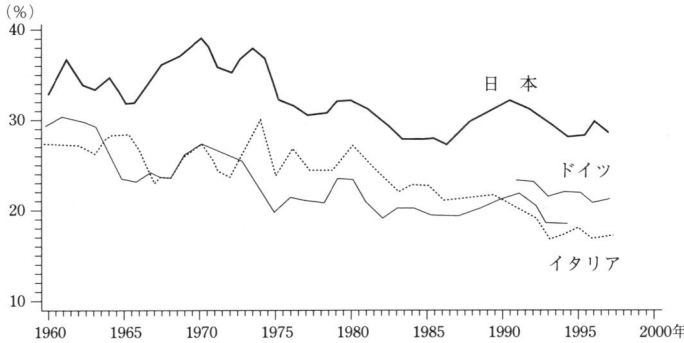

注：総固定資本形成（在庫品増加を含む）。1970年以降は，1969年までと接続しない。
出所：OECD, *National Accounts Main Aggregates* 1960-1989 (1991 edition), 1960-1997 (1999 edition) より作成。

表 1-2　経済成長率：国際比較（5年平均）　　　　　　　　　　　　（単位：%）

| 期　　間 | カナダ | アメリカ | 日　本 | フランス | ドイツ | イタリア | イギリス |
|---|---|---|---|---|---|---|---|
| 1961〜64 | 7.3 | 5.9 | 16.6 | 10.9 | 8.6 | 11.9 | 6.6 |
| 1965〜69 | 9.7 | 8.2 | 16.1 | 9.3 | 7.3 | 9.0 | 7.1 |
| 1970〜74 | 13.0 | 8.8 | 16.7 | 12.9 | 10.5 | 15.6 | 12.3 |
| 1975〜79 | 12.7 | 11.3 | 10.5 | 13.8 | 7.1 | 20.4 | 18.8 |
| 1980〜84 | 9.9 | 8.8 | 6.3 | 12.0 | 4.8 | 18.7 | 10.5 |
| 1985〜89 | 7.9 | 6.8 | 5.9 | 7.2 | 4.9 | 10.5 | 9.6 |
| 1990〜94 | 3.0 | 5.0 | 3.7 | 3.7 | 6.0 | 6.6 | 5.3 |
| 1995〜97 | 3.9 | 5.2 | 1.9 | 3.3 | 2.9 | 6.0 | 5.5 |

注：名目GDPの対前年増加率（%）。ドイツは1994年までは西ドイツ。
出所：図1-1と同じ。

## 2　経済循環

　生産された財・サービスの使途は，どのように決まるのか。どのように消費と資本蓄積に分けられるのか。その資金はどのように調達されるのか。実際の数字を見る前に，「お金」と財・サービスの流れ，資本が蓄積される過程を大きく把握しておこう（図1-4）。生産された財・サービスは販売され，売上金額が可処分所得として生産にかかわった者に分配される。さらに，可処分所得は消費と貯蓄に分けられる。消費は財・サービスを購入し，貯蓄は資金供給となる。

　他方，資本蓄積（総固定資本形成）のための資金は金融市場で調達される。このような資金供給と調達を年々繰り返しながら，経済は運行し国民の生活が営まれる。この過程で資本が蓄積される。GDPのうち資本蓄積の占める割合が高いのは，強い資本蓄積意欲と高い貯蓄の連携プレーの結果である。

　国民の生活は，①実物資産を使ってGDPを生産し，所得を得ること，②所得の一部を消費する，あるいは将来に備え貯蓄することに表れている。

## 3　貯　蓄

　経済循環のうち，可処分所得を処分する側面を実際に見てみよう。日本の場合，国民可処分所得の90%を占めるのは雇用者の収入（雇用者報酬）と企業の利益（営業余剰・混合所得）である（表1-3）。これらの所得は，GDPの生産にかかわった経済主体の所得として分配され，GDPの70%以上を占めていた

図1-4　財・サービスと「お金」の流れ：経済循環（1999年度）

（単位：兆円）

```
生　産
                                                         
           需要　供給
就業者      消   G   国民可処分所得   消
6,400万人   費   D        421        費
           372  P                   372
                514
実物資産     総資本       固定資本      貯蓄49
の増加      形成        減耗96        固定資本
           134                      減耗96
           輸出52  輸入44

           資金需要    金融   資金供給   対外資産
                                       純増
                                       12
```

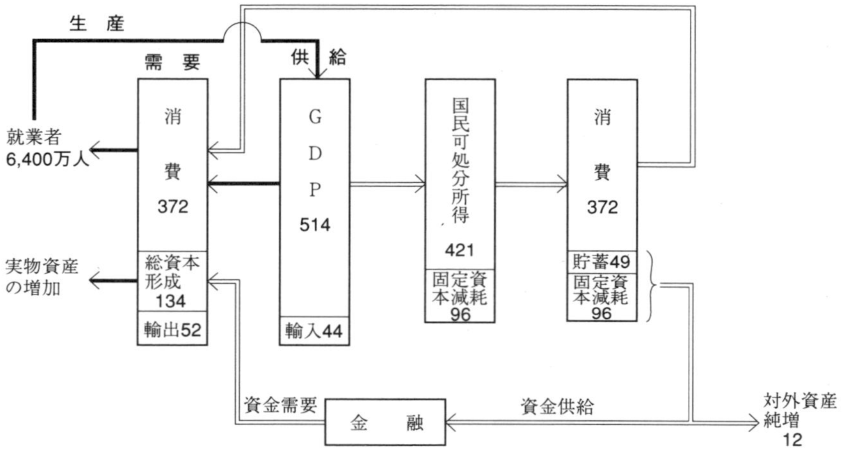

注：消費＋総資本形成＋輸出＝GDP＋輸入
　　GDP－固定資本減耗－間接税（純）＋海外からの経常移転（純）＝国民可処分所得
　　総資本形成＝貯蓄＋固定資本減耗＋海外からの資本移転（純）－対外資産純増
出所：表1-1と同じ。

表1-3　総合勘定2：国民可処分所得と処分勘定（1999年度）

（単位：兆円）

| 国民可処分所得の処分 | | 国民可処分所得 | |
|---|---|---|---|
| 民間最終消費支出 | 289 (69) | 雇用者報酬（国内） | 277 (66) |
| 政府最終消費支出 | 83 (20) | 海外からの雇用者報酬 | 0.0 |
| 貯蓄 | 49 (12) | 営業余剰・混合所得 | 99 (24) |
|  |  | 海外からの財産所得 | 6 |
|  |  | 生産・輸入品に課される税 | 43 (10) |
|  |  | （控除）補助金 | 4 |
|  |  | 海外からのその他の経常移転 | △0.9 |
| 合　計 | 421 | 合　計 | 421 |

注：（ ）内は％表示の構成比。
出所：表1-1と同じ。

（表1-1の統合勘定1：国内総生産の付加価値としての側面を参照）。そして国民可処分所得のうち12％が貯蓄され，残余が消費されている。これが国民貯蓄率で，経済全体についての貯蓄と可処分所得の割合である。

表 1-4 　総貯蓄率の国際比較　　　　　　　　　　（単位：％）

| 年次 | 日本 | アメリカ | イギリス | ドイツ | フランス |
|---|---|---|---|---|---|
| 1990 | 34.0 | 16.8 | 16.7 | 24.9 | 21.5 |
| 1995 | 29.6 | 17.0 | 16.4 | 20.2 | 19.5 |
| 1996 | 29.8 | 17.3 | 16.8 | 19.4 | 19.2 |
| 1997 | 30.4 | 18.1 | 18.0 | 21.6 | 20.5 |
| 1998 | 28.3 | 18.8 | 18.0 | 21.7 | 21.0 |
| 1999 | 27.8 | 18.5 | 16.3 | 21.2 | |

注：家計貯蓄率＝家計貯蓄／家計可処分所得
　　総貯蓄率＝総貯蓄÷国内総生産
　　総貯蓄＝貯蓄＋固定資本減耗－資本移転（純）
出所：金融広報中央委員会『暮らしと金融なんでもデータ』2001年度版。

　さて貯蓄について，ほかの国と比較しよう。よく言及されるのが，経済を構成するいくつかの部門（家計，企業，政府等）のうち，家計の貯蓄率である。利用しやすい統計によると，たしかに家計貯蓄率はほかの主要国に比して高い。私たちが注目したいのは，総貯蓄率は家計貯蓄率の場合より，ほかのすべての主要国に比して際立って高いことである（表 1-4）[3]。

　いろいろな貯蓄が登場したので，整理しておこう。一つの基準は，誰が貯蓄したかということである。貯蓄は家計だけでなくほかの制度部門によっても行われる（企業，政府等）。もう一つは，貯蓄（純貯蓄）と総貯蓄の区別である。総貯蓄は純貯蓄に固定資本減耗を算入したものである（表 1-5）。ここで，貯蓄（純）と総貯蓄が，どのような経済主体（非金融法人企業，金融機関，一般政府，家計〔個人企業を含む〕，対家計民間非営利団体の 5 制度部門）によって行われているか，実際の数字を見てみよう。

　純貯蓄を支えているのは家計である（図 1-5(a)）。1990年代を通じ，その割合は上昇しており，最近では70％以上に達している。このパターンは1990年代に特有ではない。家計は戦後貯蓄の過半を占めてきた。

　総貯蓄と純貯蓄との違いは大きい。最も大きな違いは企業部門の割合の大きさである（図 1-5(b)）。企業と家計で，ほとんどすべての総貯蓄を行っている

---

[3]　総貯蓄は，貯蓄＋固定資本減耗－資本移転（純）と定義されているが，実際上，資本移転（純）は小さいから，総貯蓄率は，図 1-3 で見た総固定資本形成（在庫品増加を含む）÷ GDP にほぼ等しい。表 1-4 の結果は図 1-3 と照応している。

表1-5 総合勘定3：資本調達勘定（1999年度）　　（単位：兆円）

| 実物資産の蓄積 | | 自己資金の調達 | |
|---|---|---|---|
| 国内総固定資本形成 | 134 | 貯　　蓄 | 49 |
| 　うち無形固定資産 | 11 | 海外からの資本移転等（純） | △1.6 |
| （控除）固定資本減耗 | 96 | 統計上の不突合 | 2 |
| 在庫品増加 | △0.8 | | |
| 海外に対する債権の変動 | 12 | | |
| 合　　計 | 49 | 合　　計 | 49 |

出所：表1-1と同じ。

図1-5　貯蓄の部門別構成

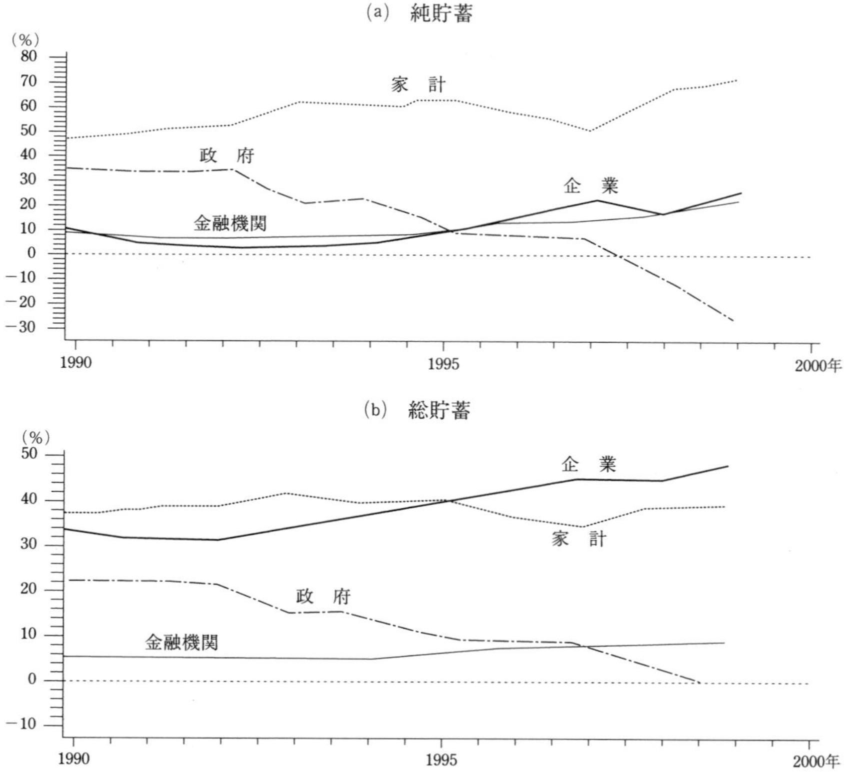

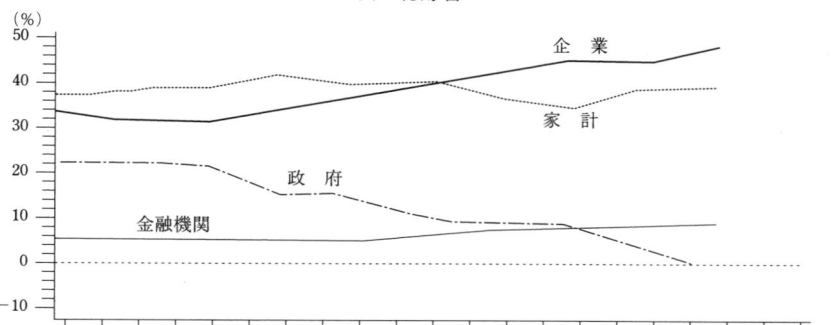

注：構成比（％）。対家計民間非営利団体（NPO）の割合は非常に小さい。
出所：内閣府「国民経済計算」より作成。

が，企業部門は家計と同等，あるいはそれ以上の割合を占めている。固定資本減耗のうち，企業によるものの割合が非常に高いからである。

純貯蓄と総貯蓄の比較は，企業による固定資本減耗の影響の大きさ，問題性を表している。日本の家計貯蓄率の高さは，これまでにもしばしば言及されてきた。しかし，固定資本減耗を算入した社会全体の総貯蓄率が，ほかの国に比して大きいことの意味にも注意が必要がある。日本では，固定資本減耗は企業所得とほぼ同額であり，それだけ多くの金額が可処分所得の分配，その処分の枠外に置かれるが，それが総固定資本形成の原資となり，将来の日本経済の骨格を決めるからである。

## 補論　家計貯蓄の構造

第3節3項で見たように，日本の貯蓄は現在，主に家計によって行われている。実は，家計は戦前，戦後を通じて重要な資金供給源であった。ここでは家計貯蓄の内容について詳しく見る。なぜ日本では家計の貯蓄が多いのか。家計といっても様々である。家計による違いはどうか。貯蓄はほかの経済主体に「お金」を貸すことであるが，一方では家計も借りている。すなわち，家計の負債はどうなっているか。家計の負債の原因，動機は何か。「家計貯蓄率の高さ」のイメージは余裕，豊かさであろうが，そのなかをのぞくと，かならずしも豊かさ一色ではない。

### 1　家計の動機

なぜ日本では，ほかの国に比して家計の貯蓄が多いのか。この設問は多義的であるが，当事者の意図，目的について，また関連して貯蓄の種類の選択，金融機関の選択についても見てみよう。貯蓄の3大目的は，病気・災害への備え，老後の生活資金，子どもの教育資金である。私たちにも思いあたる結果である。もちろん老後の生活資金，子どもの教育資金は年齢による違いが大きい。老後の生活資金を動機とする貯蓄は年齢とともに増加するし，子どもの教育資金を動機とする貯蓄は40歳代から急減する。

貯蓄の種類の選択基準は，安全性（元本保証，取扱機関の信用）であり，収

益性ではない。金融機関の選択理由は,便利さ信用である。これらは貯蓄の目的に沿っている[4]。

## 2 家計貯蓄の構造

家計貯蓄の特徴に関する興味深い事実を,家計貯蓄の基本的な統計『貯蓄動向調査報告』(総務庁)から紹介しよう。

### 1) 貯蓄残高の階級別分布

勤労者世帯の貯蓄残高は2000年,平均で1356万円である。ある年にする貯蓄額ではなく残高であること,他方で負債を抱えていることを考慮しても,1356万円は結構大きな数字である[5]。しかし『2000年貯蓄動向調査報告』によれば,たしかに勤労者世帯の貯蓄残高は,平均で1356万円である（図1-6）。ただし追加説明が必要である。

必要な注釈は,図1-6からわかるように,貯蓄残高の分布は少額に偏っているということである。すなわち66.5％の世帯が平均以下の貯蓄残高で,最も多数の世帯が含まれるグループの貯蓄残高は265万円である。多数の勤労者世帯の貯蓄残高は平均よりかなり少額であるが,貯蓄残高が超多額の少数者もいて平均が高くなっているのである。

### 2) 貯蓄残高格差の推移

貯蓄残高の分布は,少額の世帯に偏っていた。では,分布の格差は年とともにどのように推移しているか。年ごとの変化はもちろんある。ただし,それとともに明白な傾向的な変化が見られる。すなわち,貯蓄残高の格差は1970年代中頃まで低下してきたが,それ以降上昇に転じている（図1-7）。

### 3) 貯蓄の種類

一口に貯蓄と言っても,その種類は預貯金から保険,株式まで様々である。

---

[4] 金融広報中央委員会「平成13年家計の金融資産に関する世論調査」,『暮らしと金融なんでもデータ』2001年度版。
[5] 貯蓄については,二つの意味を区別することが大切である。貯蓄と貯蓄残高である。前者は,ある期間に行われた貯蓄であり（フローとしての貯蓄）,期首における貯蓄残高への追加である。貯蓄残高は,過去のフローとしての貯蓄を足し合わせたものである。

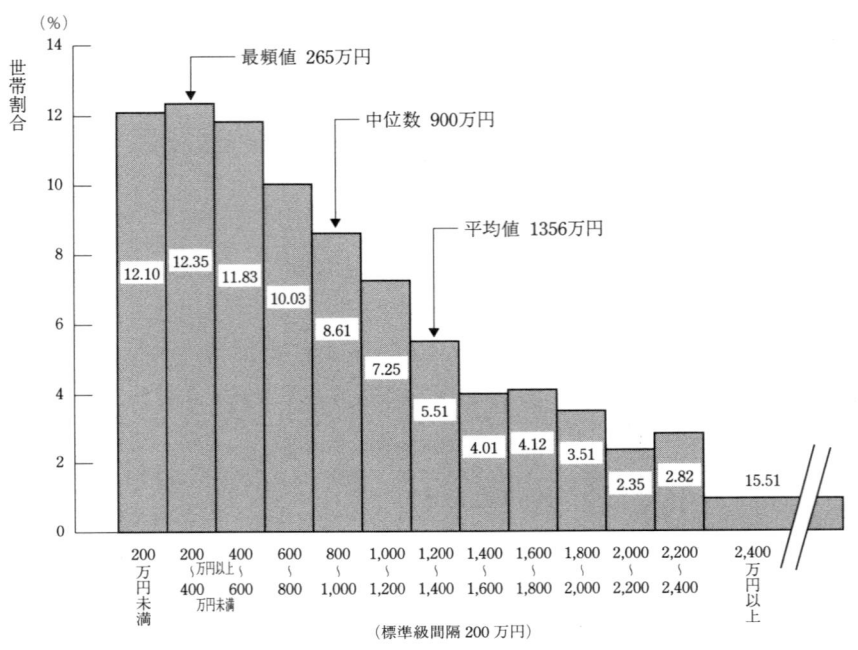

図 1-6 貯蓄残高の階級別分布（勤労者世帯，2000年）

(%)
世帯割合

- 200万円未満: 12.10
- 200〜400万円未満: 12.35
- 400〜600万円未満: 11.83
- 600〜800: 10.03
- 800〜1,000: 8.61
- 1,000〜1,200: 7.25
- 1,200〜1,400: 5.51
- 1,400〜1,600: 4.01
- 1,600〜1,800: 4.12
- 1,800〜2,000: 3.51
- 2,000〜2,200: 2.35
- 2,200〜2,400: 2.82
- 2,400万円以上: 15.51

最頻値 265万円
中位数 900万円
平均値 1356万円

（標準級間隔 200万円）

注：中位数は，貯蓄残高の順に並べて2分の1の順位に位置する世帯の貯蓄残高。最頻値は，その範囲に属する世帯数が最も多い貯蓄残高。
出所：総務省『2000年貯蓄動向調査報告』。

貯蓄は，どのような形で行われているか，また貯蓄の種類は，年とともにどのように変化しているか，あるいは貯蓄の残高によって，どのように異なるだろうか。

貯蓄の種類としては，通貨性・定期性預貯金，生命保険などが大部分の約90％を占め，有価証券は10％に満たない。時間的に見ると，構成比は小さいが，通貨性預貯金の構成が増え，有価証券が減っている。将来の生活に備えて貯蓄が行われていること，その必要性が減っていないことがわかる。生活がかからない余裕資金の運用ではないのである。

また，貯蓄残高の大きさ別に見ると，貯蓄残高が小さいほど通貨性預貯金，生命保険などの構成比が高く，定期性預貯金，有価証券の構成比が低い。当然

図1-7 貯蓄現在高の世帯間の格差：四分位分散係数の推移（勤労者世帯）

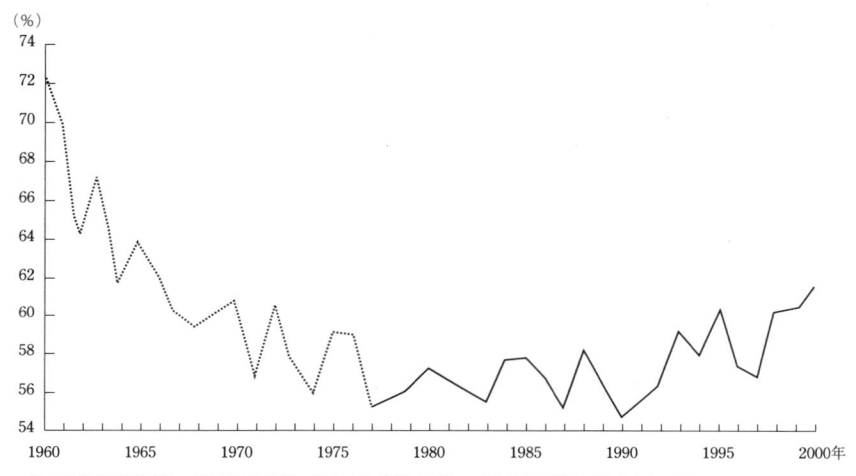

注：四分位分散係数＝（第3四分位数－第1四分位数）÷（第3四分位数＋第1四分位数）×100
　　第1四分位数は，貯蓄残高の少ないほうから世帯を並べて，全部の世帯の4分の1にあたる順位に位置する世帯の貯蓄残高。
　　第3四分位数は，貯蓄残高の少ないほうから世帯を並べて，全部の世帯の4分の3にあたる順位に位置する世帯の貯蓄残高。
　　この係数が小さいほど世帯間格差も小さいことになる。
出所：図1-6と同じ。

のことながら少額の貯蓄保有世帯の貯蓄ほど生活にかかわりが深いこと，資金運用に余裕がないことが確かめられる。

### 4）負　債

　家計は貯蓄を保有している一方で，負債も抱えている。年間収入のうち90％近くを消費に使うが，なお貯蓄したり，あるいは負債を減らしたり増やしたりしながら，その年その年を暮らしている。では貯蓄残高，負債残高，年間収入はどう推移しているか。また，それらの比率はどう推移しているか。

　勤労者世帯の貯蓄残高，負債残高，年間収入は，戦後経済発展とともに増加してきた。名目金額で見ているからである。それでも1990年代後半，貯蓄残高，年収の減少が続き平成不況の影響が現れている（表1-6）。

　では，その比率はどうか。年収に対する貯蓄残高は，1970年代前半の約90％から1990年代後半の170％台へ上昇してきた。他方，年収に対する負債残高も

表1-6 貯蓄残高，負債残高，年間収入の推移（勤労者世帯）　　　（単位：千円，%）

| 年　次 | 貯蓄残高 | 負債残高 | 年間収入 | 貯蓄・負債比 | 貯蓄・年収比 | 負債・年収比 |
|---|---|---|---|---|---|---|
| 1970 | 1,262 | 191 | 1,402 | 660.7 | 90.0 | 13.6 |
| 1975 | 2,636 | 719 | 2,986 | 366.6 | 88.3 | 24.1 |
| 1980 | 4,734 | 1,512 | 4,493 | 313.1 | 105.4 | 33.7 |
| 1985 | 6,920 | 2,502 | 5,655 | 276.6 | 122.4 | 44.2 |
| 1990 | 10,507 | 3,401 | 6,941 | 308.9 | 151.4 | 49.0 |
| 1995 | 12,613 | 4,515 | 7,796 | 279.4 | 161.8 | 57.9 |
| 2000 | 13,558 | 5,798 | 7,695 | 233.8 | 176.2 | 75.4 |

出所：総務省『貯蓄動向調査報告』各年。

表1-7 住宅・土地のための負債（勤労者世帯）　　　（単位：千円，%）

| 年　次 | 負債残高 | 住宅・土地のための負債残高 | 住宅・土地のための負債の割合 | 住宅・土地のための負債保有率 | 負債保有率 |
|---|---|---|---|---|---|
| 1970 | 191 | 146 | 76.4 | | |
| 1975 | 719 | 600 | 83.4 | | |
| 1980 | 1,512 | 1,376 | 91.0 | 31.9 | 52.3 |
| 1985 | 2,502 | 2,316 | 92.6 | 35.7 | 56.2 |
| 1990 | 3,401 | 3,088 | 90.8 | 37.3 | 53.5 |
| 1995 | 4,515 | 4,188 | 92.8 | 35.3 | 52.4 |
| 2000 | 5,798 | 5,234 | 90.3 | 35.8 | 51.3 |

出所：表1-6と同じ。

上昇し，1970年代前半の10%台から1990年代後半70%台となった。

では，貯蓄・負債比はどうか。これには波動も見られる。しかし，長期で見ると低下傾向は明白である。1970年代は約6倍であったが，1990年代は約2.5倍と，かつてなく低い水準に低下している。

5) **負債の原因**

国民生活向上の足を引っ張っているのは負債であるが，その原因は何か。また，負債を抱えている世帯はどう推移しているか。

表1-7から明らかなように，家計負債の原因は住宅・土地問題である。負債に占める住宅・土地のための負債の割合は90%を超える。負債を抱えた世帯の割合は50%を超えるが，住宅・土地のための負債を抱えた世帯の割合は36%で，負債を抱えた世帯の70%を占める。さらに，負債に占める住宅・土地のための負債の割合，負債を抱えた世帯の割合，住宅・土地のための負債を抱えた世帯の割合は低下していない。

図 1-8 世帯主の職業別貯蓄現在高の推移

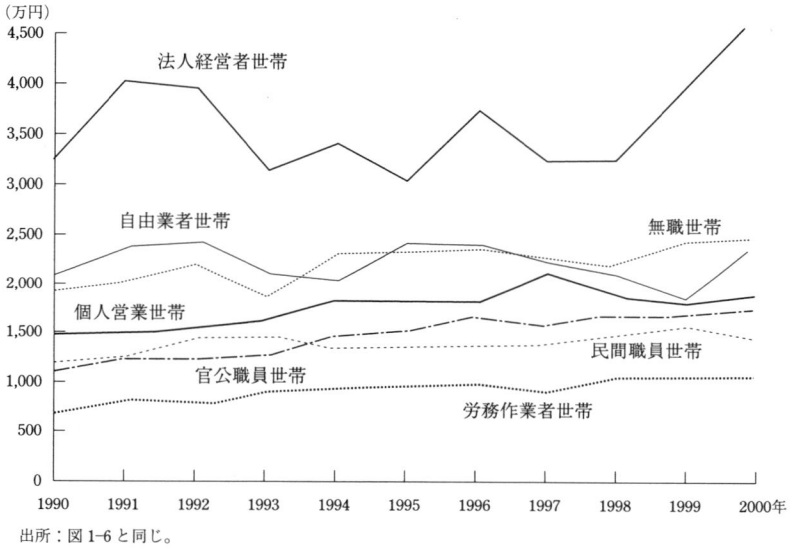

出所：図 1-6 と同じ。

住の問題は衣・食の問題と異なり，解決に時間がかかる。問題は長い目で見ても解決の方向が見えないことである。生活の基本を衣・食・住というが，日本の「住」は戦後の経済発展によっても未解決の，これからの課題である。

6) 職業別貯蓄残高

貯蓄残高は世帯主の職業によってどのように異なるのだろうか。法人経営者世帯とその他の職業の違いは大きい。法人経営者世帯の貯蓄残高が個人営業世帯，民間，官公職員世帯等ほかのすべての職業を大きく上回り，さらに近年格差は拡大している（図 1-8）。

## 第3節 「お金の流れ」（資金循環）

日本は全体としては，ほかの主要国に比して貯蓄する割合が高い。しかし，経済は企業，家計等の部門からなっている。部門による違いはどうか。また，貯蓄は資本蓄積（実物資産の増加）の原資である。貯蓄が資本蓄積を上回る部

表 1-8　制度部門別資本調達勘定：実物取引（1999年度）

（単位：兆円）

| 項　　目 | 非金融法人企業 | 家　計 |
|---|---|---|
| 1．総固定資本形成 | 75 | 26 |
| 2．（控除）固定資本減耗 | 58 | 22 |
| 3．在庫品増加 | −1 | 0 |
| 4．土地の購入（純） | −3 | 2 |
| 5．貯蓄投資差額 | 2 | 27 |
| 　　資産の変動 | 15 | 33 |
| 6．貯蓄（純） | 13 | 35 |
| 7．資本移転等（受取） | 4 | 0 |
| 8．（控除）資本移転等（支払） | 2 | 3 |
| 貯蓄・資本移転による正味資産の変動 | 15 | 33 |

出所：表 1-1 と同じ。

門には余剰資金が生まれる。反対の場合は資金不足が生じる。実際，各部門の資金過不足はどうなっているか。

## 1　制度部門の資金過不足

1999年度における企業部門，および家計部門の実績を見てみよう（表 1-8）。この年，企業（非金融法人企業部門）は75兆円の固定資本を増加させた（固定資本減耗58兆円を控除するとネットでは17兆円）。この純増の部分の資金は，ほとんど当該部門の純貯蓄13兆円によって調達された。その他の取引があり（在庫品減少，土地売却等），結局企業部門では 2 兆円の資金余剰が生じた。

家計部門は26兆円の住宅等を増加させた（固定資本減耗22兆円を控除するとネットでは 4 兆円）。この純増の部分の資金は当該部門の純貯蓄35兆円をはるかに下回る。その他の取引もあるが（土地購入等），結果的に27兆円という多額の資金余剰が生じた。

このように，ある年の資本蓄積と貯蓄の関係，それにともなう資金過不足の程度を，各制度部門について概括したのが図 1-9 である。日本の場合，次の 3 点が特徴である。

（1）　家計部門は終始，最大の安定した資金供給部門である。ただ，その程度は1970年代中頃から徐々に低下している。

（2）　企業部門は複雑であるが，次のように整理できる。基本的に資金不足部

図 1-9　制度部門の資金過不足

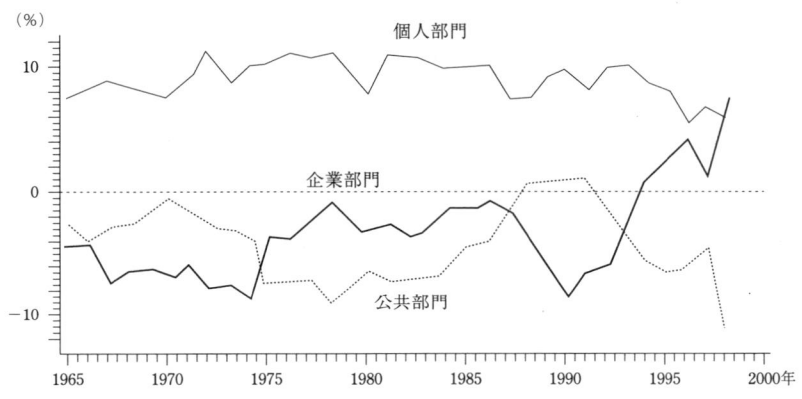

(%)　個人部門　企業部門　公共部門

注：対 GDP 比（％）。
出所：日本銀行「金融取引表」より作成。

門であるが，同時に長い目で見ると資金不足の程度が弱まる傾向は明瞭である。そのうえで長期傾向からのズレとして大きな波動が見られる。企業は1970年代中頃まで（高度成長期），強い資金需要の結果，資金不足の程度が大きかった。その後，高度成長期の内部資金の蓄積，成長の低下により資金不足の程度は小さくなる。しかし，1980年代後半，再び資金不足の程度がひどくなり1990年最大になる（バブル）。その後，不況とともに資金不足の程度は急に弱まり，ついに資金過剰となった。

(3)　政府部門は，基本的に資金不足で，その程度は企業部門と対照的に推移し，1990年前後には資金余剰となるが，その後資金不足の程度はますますひどくなっている。

## 2　制度部門の資金過不足：国際比較

1990年代日本の各制度部門間の資金過不足の変化は激しいが，どう評価すればいいか。この場合もほかの主要な国と比較してみよう（図 1-10）。日本は，この側面でもほかの国とはずいぶん変わっている。その特徴は，次の3点にまとめらる。

(1)　政府部門は，どの国でも資金不足部門である。ただ，ほかの国は資金不

図 1-10　制度部門の資金過不足：国際比較

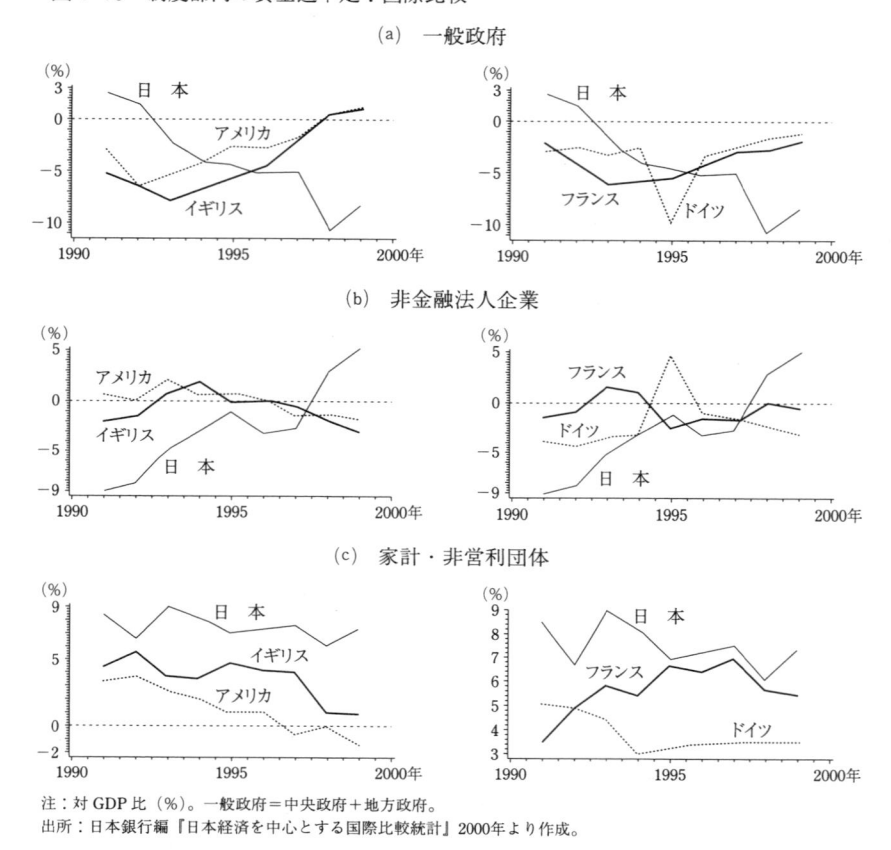

(a)　一般政府

(b)　非金融法人企業

(c)　家計・非営利団体

注：対GDP比（％）。一般政府＝中央政府＋地方政府。
出所：日本銀行編『日本経済を中心とする国際比較統計』2000年より作成。

足の程度が低下しているのに，日本は資金過剰から不足への変化が著しい。
(2)　企業部門は，ほかの国では目立った傾向は見られないが，日本は政府部門と反対に資金不足から資金余剰への変化が激しい。
(3)　家計部門の資金余剰の程度は，緩やかに低下しているが，なおほかの国に比して大変大きい。

## 3　制度部門の資金運用，資金調達

前項で見た制度部門の資金過不足は，ある資金余剰部門，たとえば家計の余

図 1-11　家計の資金運用

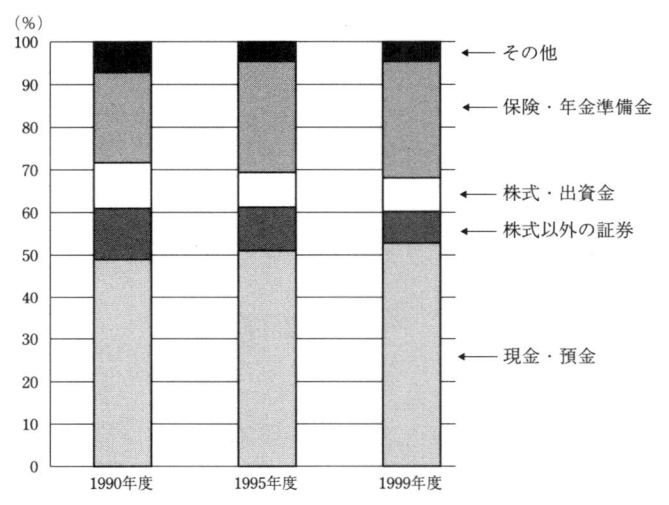

出所：日本銀行「金融資産残高表」より作成。

剰資金が，資金不足部門，たとえば政府に直接回っているという意味ではない。家計が政府に直接貸しているとは限らない。ある部門の資金過不足は，ほかの部門と行った様々な形態の資金運用，資金調達の合計の差額である。そこで主要国との違いが大きい部門について，どのように資金を運用しているか，あるいは資金を調達しているか，その形態を見ることにしよう。

1）　家　計

　家計は安定した資金余剰部門であるが，どのような金融資産を保有しているのか。家計の余剰資金はほとんど現金・預金，保険・年金準備金に運用され，しかも，この安定志向は1990年代に強まっている。その結果，1999年度で家計の金融資産（1390兆円）の半分以上は，現金・預金（55％）であり，次に保険・年金準備金（28％）である。株式・出資金，株式以外の証券は13％にすぎない（図 1-11）。

2）　企　業

　企業（非金融法人企業）は1990年代に資金不足から資金余剰となった。企業の中心部分である民間非金融法人企業の資金調達は，1990年代中頃わずかに増

図1-12 民間非金融法人企業の資金調達

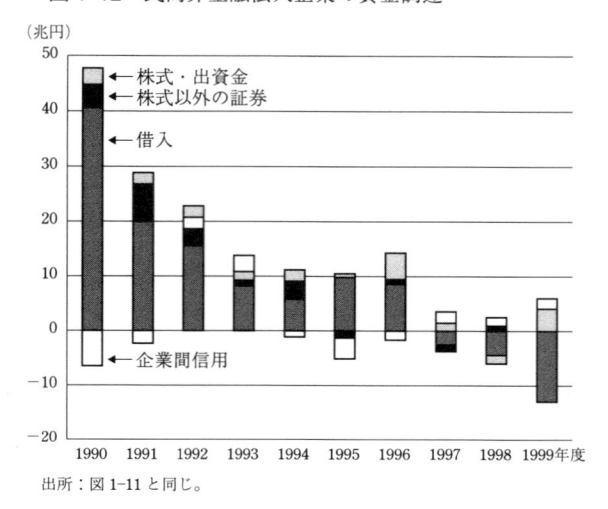

(兆円)
株式・出資金
株式以外の証券
借入
企業間信用

出所：図1-11と同じ。

加したが持続せず，結局マイナス（資金余剰）となった。では資金調達の形態はどのように変化したか。企業の資金調達は，①内部資金（現金・預金），②金融機関からの借入，③株式の発行，④企業間信用によって行われる。変化の主な部分は金融機関からの借入の減少である（図1-12）。

不況期に企業が資金不足から資金余剰へ変化することは感覚に反するかもしれない。不況期こそ資金不足が原因で企業の倒産が増えるからである。しかし，不況期には新規事業のための資金需要は減少する。さらに，この資金調達は資金需要者の希望ではなく，実現した借入であることである。実現しなかった借入希望は算入されていない。このため，ある部分での資金不足にもかかわらず，企業部門全体としては結果的に金融機関からの借入が増加から減少に転じたのである。

この傾向は1990年代だけのものではない。長期的に見て，大企業は高度成長期には借入による資金調達に大きく依存していた。しかし，すでに1970年代後半から借入による資金調達を低下させ，1985年以降は激減している（表1-9）。1990年代の動向は長期傾向の一端である。

### 3) 政　府

政府は企業部門とは対照的に，1990年代に資金不足の程度がひどくなっている。この部門の負債項目で目立つのが国債である。国債の発行による資金調達が増加し続けている（図1-13）。では，誰が国債を買っているのか。国債の保有者は家計ではなく，90％近くが金融機関である。しかも公的金融機関が占める割合が民間金融機関より大きい。

表 1-9　主要企業の資金調達構造の変化（5年平均）　　　　　　　　（単位：％）

| 期　間 | 内部資金 | 借　入 | 社　債 | 株　式 | 企業間信用 |
|---|---|---|---|---|---|
| 1960〜64 | 22.9 | 33.8 | 6.8 | 10.8 | 16.2 |
| 1965〜69 | 37.5 | 36.9 | 5.2 | 3.8 | 22.7 |
| 1970〜74 | 35.1 | 41.6 | 5.1 | 3.2 | 21.9 |
| 1975〜79 | 45.8 | 26.5 | 10.6 | 8.0 | 17.7 |
| 1980〜84 | 55.3 | 16.4 | 8.5 | 10.4 | 9.6 |
| 1985〜89 | 45.2 | 6.4 | 17.4 | 15.8 | 5.0 |
| 1990〜94 | 87.3 | 5.2 | 11.1 | 4.6 | −7.1 |

出所：堀内昭義『日本経済と金融危機』岩波書店、1999年。

図 1-13　中央政府の負債残高と国債

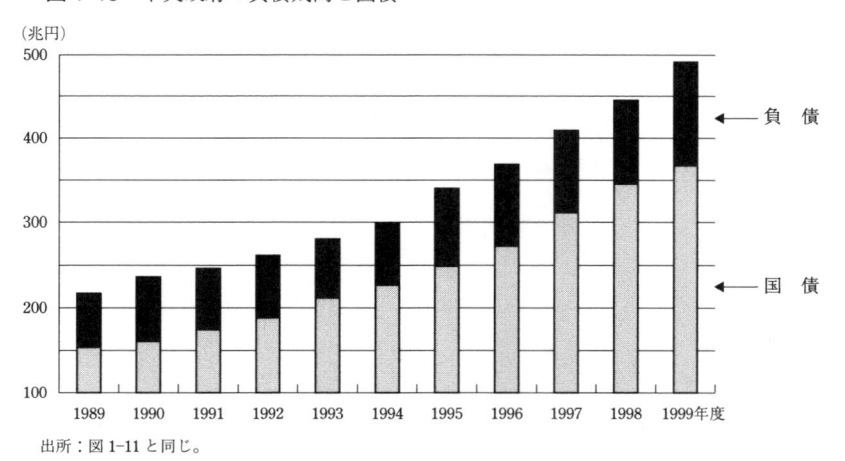

出所：図 1-11 と同じ。

## 第4節　蓄積されたもの（資産）

　前節で見た1990年代日本の「お金の流れ」（資金循環）の特徴は、家計が資金を提供する一方で、企業が資金調達を減少させ、かわりに政府が資金調達を増加していることである。では、これらの部門は調達した資金を何に使っているのか。

図 1-14　制度部門別土地投資の推移

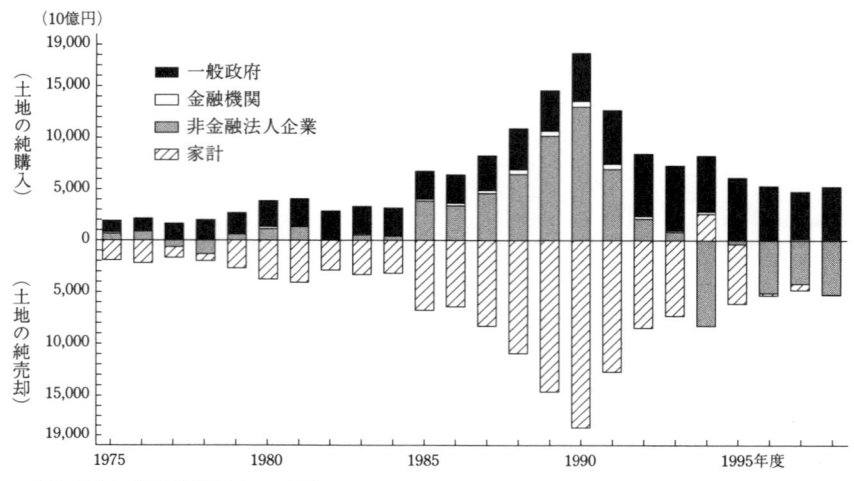

（10億円）

（土地の純購入／土地の純売却）

凡例：一般政府、金融機関、非金融法人企業、家計

出所：国土庁『国土統計要覧』2001年版。

図 1-15　資本蓄積と消費の変動

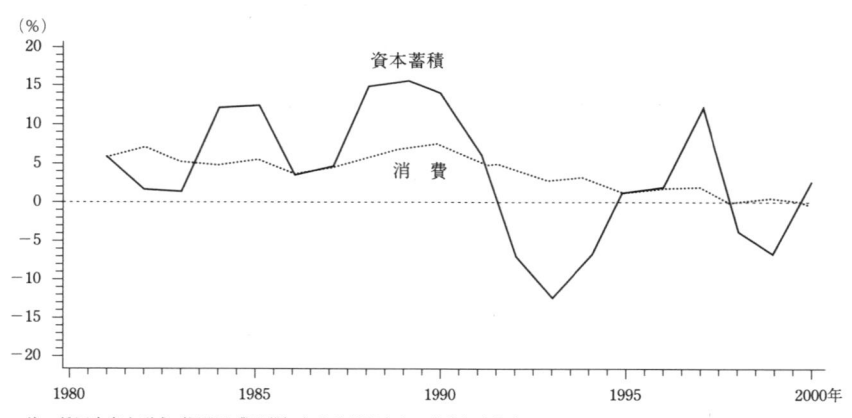

（％）

注：総固定資本形成（民間企業設備）と最終消費支出の対前年変化率。
出所：内閣府「国民経済計算」より作成。

## 1　資本蓄積

　企業，政府は，実物資産として何を買っているのかを見てみよう。実物資産は土地と固定資産（住宅等建物と企業設備）からなる。まず土地についてみる

図 1-16　政府支出

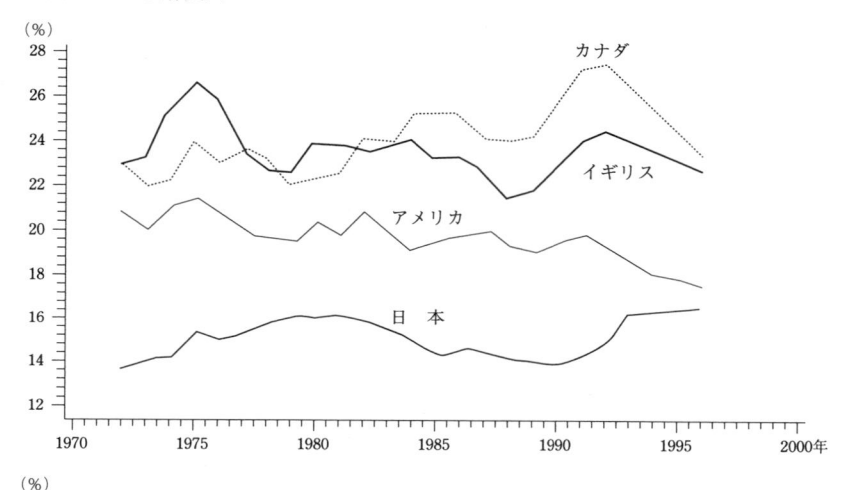

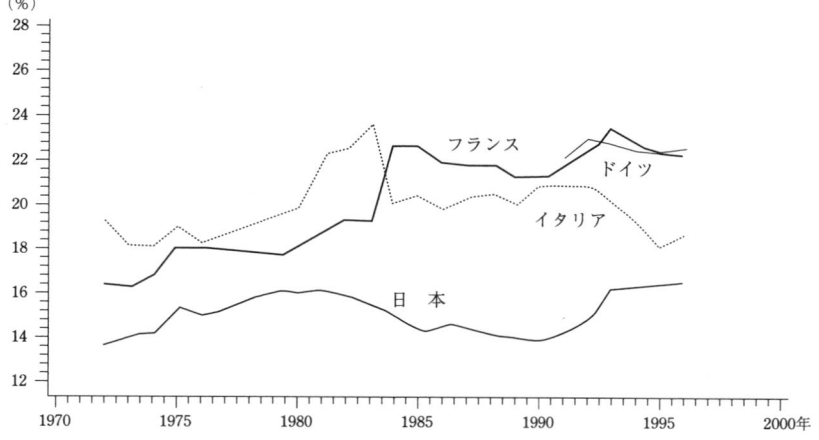

注：（政府最終消費支出＋政府総固定資本形成）／GDP
出所：OECD, *National Accounts* 1972-1984 (1986), 1984-1996 (1998). 1983年までと1984年以降は接続しない。

と，企業は1980年代中頃から家計からの土地購入を急増させ，1990年にピークに達し，急に減少させる（図1-14）。注目したいのは，その後1995年頃から企業は土地を売却するが，相手は政府であることである。政府は1980年代後半も徐々に土地購入を増やしているが，バブル以降も購入を増加させている。

次に，固定資産について見よう。固定資産の増加（総固定資本形成）の大部

図 1-17　政府総固定資本形成

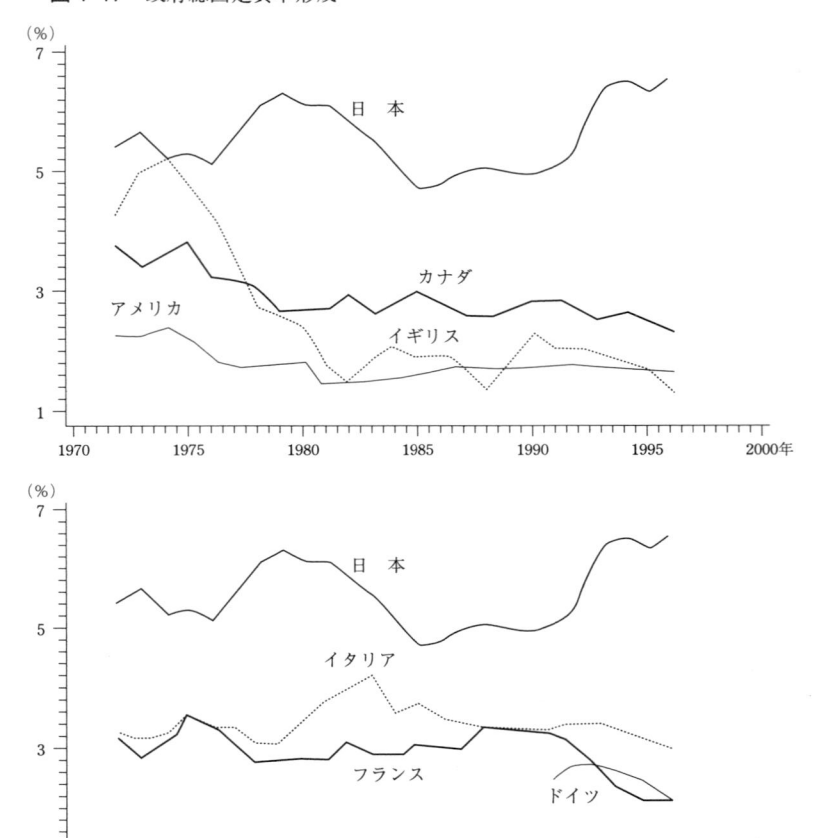

注：政府総固定資本形成／GDP
出所：図 1-16 と同じ。

分は，住宅と企業設備である。日本の場合，企業設備の割合が高く，住宅は企業設備の 4 分の 1 である。資本蓄積（企業設備）は1990年前後に増加し（バブル），1990年代中頃に少し上昇するが，結局減少する。読者は，企業（民間非金融法人企業）の資金調達が，同様の動きをしていたことを思い出されるであろう（図 1-12）。

表1-10　制度部門別資産（1999年末）　　　　　　　　　　　　（単位：兆円）

| | 非金融法人企業 | | 金融機関 | | 一般政府 | | 家　計 | | 国　　富 | |
|---|---|---|---|---|---|---|---|---|---|---|
| | 資産 | 負債 | 資産 | 負債 | 資産 | 負債 | 資産 | 負債 | | |
| 非金融 | 1,055 | | 43 | | 486 | | 1,322 | | 非金融資産 | 2,906 |
| 金融<br>（資産－負債） | 750 | 1,526<br>（－776） | 3,068 | 3,030<br>（38） | 390 | 618<br>（－228） | 1,459 | 409<br>（1,050） | 対外純資産 | 85 |
| 正味資産 | | 279 | | 81 | | 258 | | 2,372 | 国　　富 | 2,991 |
| 計 | 1,805 | 1,805 | 3,111 | 3,111 | 876 | 876 | 2,781 | 2,781 | | |

注：正味資産＝非金融資産＋（金融資産－負債）
　　家計は対家計民間非営利団体を含む。
出所：表1-1と同じ。

　企業は1990年代に，資金不足から資金過剰部門に変化したが，実物では土地を売り，企業設備の購入を減らしている。資本蓄積としての企業設備の特徴は，消費に比し変動が激しいことである（図1-15）。消費が生活に密着しているのに対し，企業設備の購入は儲けの見込みに依存しているからである。

　では，政府はどうか。政府はバブル以前から土地を買い続けていたが，バブル以降もより高い水準で土地の購入を続けている。ほかの主要国と比較して，日本政府の支出（＝消費＋資本蓄積）には特徴があるだろうか。結構独特である。日本は，ほかの主要国に比して政府支出が少なく（図1-16），かつ資本蓄積（総固定資本形成）に偏っているということである（図1-17）。

　日本の政府は1990年代に資金不足の程度がひどくなっているが，調達した資金の使い方は資本蓄積に偏っているのである。

## 2　蓄積されたもの（資産）

　では，資本蓄積の結果である実物資産は誰に所有されているのか。残高では各部門はどのような形で金融資産・負債を保有しているか。実際の数字を見ることにしよう。いろいろな形の部門間貸借を金融資産と負債に総計し，蓄積された実物資産とともに概括してみよう（表1-10）。

　各部門の非金融資産と金融資産（純）を合計した国富（2991兆円）は，ほとんど非金融資産であり（97％），さらに非金融資産のほとんどは固定資産（54％）と土地（39％）である。多くの金融資産は国内の負債と相殺され，対

図 1-18　資本係数と稼働率

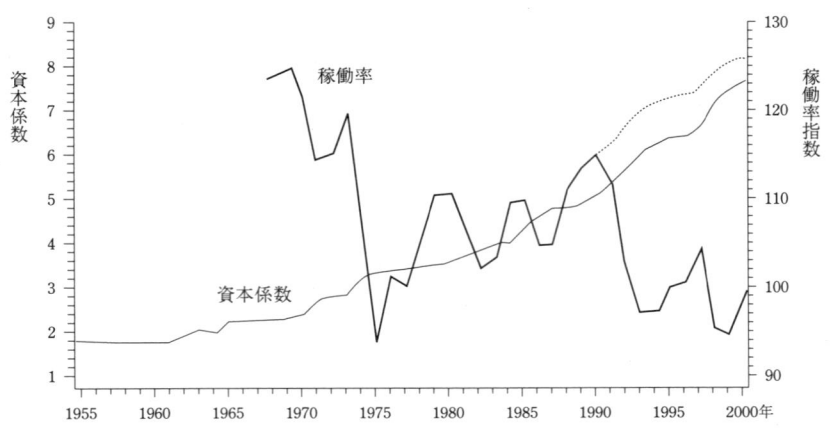

注：資本係数＝民間企業資本ストック÷GDP。実線は1990年価格，破線は1995年価格によるもの（左軸）。
　　稼働率は稼働率指数（右軸）。
出所：内閣府「国民経済計算」より作成。

外的にはプラスである。外国との負債の清算に実物を提供する必要はないという意味で，負債の問題は，国内問題である。

金融面を見ると，家計の純資産（1050兆円）が企業の純負債（776兆円），政府の純負債（228兆円）を支えている。そして非金融資産（固定資産と土地）の36％を非金融法人企業，17％を政府，44％を家計が所有している。固定資産については48％を非金融法人企業，27％を政府，21％を家計が所有している。固定資産の種類としては住宅が22％を占める。家計が資金面で支え，それを利用して企業と政府が固定資産，土地を利用している姿が浮かび上がる。

では，実物資産は有効に利用されているかどうか。ここでは企業設備と産出高の比（資本係数），および稼働率を見てみよう（図 1-18）。資本係数は，戦後ずっと上昇傾向が続いている。これには既存の企業設備が生産に有効に利用されていない部分と，そもそも技術的に生産が産出高に比しより多くの企業設備を必要とするようになった部分が含まれている。そこで稼働率を見てみよう。稼働率は短期の景気循環に対応して変動しているが，1990年代には，1970年代中頃以来の低水準に落ち込んできている。蓄積された実物資産が有効に利用されていないということである。

## むすび

　これまで貯蓄からはじめて，日本経済の「お金の流れ」をたどってきたが，行き着いた先は実物資産の増加，資本蓄積である。その結果，見えてきたことをまとめてみよう。

　日本経済の特徴は蓄積優先で変動が激しい。そのため将来が不確実である。家計は不確実な将来に備え，貯蓄で生活を守ろうとする。これが蓄積の資金となる。このサイクルにはまっている。家計は勤労によって日本経済を支えているだけではない。貯蓄という形で日本経済を「お金」の面でも支えている。では家計が，安定した生活のために行った勤労と節約は報われたであろうか。

　戦後当初，家計の貯蓄は資本蓄積の資金として重点的に使われた。国民は，結果的に急速な経済発展が実現し，先進国に追い着いた点は一応評価している。しかし，その後の経過は，生活を安定，向上させるには勤労と節約だけでは限界があることを実例で示した。皮肉なことに，いったん家計の手を離れた「お金」は，かならずしも家計の目的に沿うようには使われなかった。むしろ「お金」はしばしば人を暴走させ，家計は翻弄された。家計は，いったん預けた「お金」の使われ方，金融市場の機能に気を許すことはできない。

　これを教訓とし，今後は家計貯蓄の本来の目的を忘れないことである。先進国に追い着く目標は一応実現した。生活に密着した部分で，本格的に生活の向上，環境の改善をはかるのはこれからである。

# 第2章
# グローバル化と国民生活

中谷　武

## はじめに

　一国の経済活動が，国内だけにとどまらず，世界規模で展開されている。貿易や資本の移動，国境を越えた技術移転や人的移動などが急速に進展している。このような現象は「経済のグローバル化（世界化）」と呼ばれている。

　たとえば貿易で見ると，2000年のわが国の輸出は約50兆円で，国内総生産の約10%を占めている。他方で約40兆円の輸入をおこなっており，差し引き10兆円を外国貿易で稼ぎ出している。「資源小国日本」「貿易立国日本」などと言われ，貿易を拡大することが小国日本の宿命であり，輸出の拡大が日本の豊かさにつながると考えられてきたが，それはどうやら超過達成したようである。

　しかしどうもその後の様子がおかしい。1980年代以降，日本は世界一の輸出大国になり，世界一の債権国になった。しかし，国民生活の「ゆとり」や「豊かさ」はかならずしも実感されない。それどころか，輸出拡大→円高→生産性上昇→輸出拡大という無限サイクルにはまり込み，まるで呪文にかかったかのように競争力強化に突き進んでいる。そのなかで，長時間労働やサービス残業など国際的に見ても実に異常な現象が，異常ではなく，ごく普通の日本的ルールであるかのようにまかり通っている。

　また，日本企業はどんどん海外に生産拠点を求め，特に中国などの安い労働力を利用するアジア・シフトを進めている。その生産物が逆に日本や第三国に輸出され，国内経営や雇用に悪影響を与える逆輸入という現象が，近年急速に問題になっている。

　一体，これからどうなるのだろうか。将来の日本の雇用は守られるのだろうか。こうした疑問や不安が広がっている。この問題を国民全体の立場から考えてみたいというのが本章の趣旨である。

## 第1節　グローバル化の進展

　戦後のわが国経済のグローバル化はどのように進展してきたのか。また，そこからどのような教訓を汲み取ることができるのか。それを考えるために，まず日本経済グローバル化の推移を概観することから始めよう。

### 1　1970年代オイル・ショックと貿易拡大

　戦後の輸出，輸入，貿易収支の推移を示したのが図2-1である。わが国の貿易収支は戦後長い間，赤字基調で推移し，これが経済成長のいわば天井となってきた。すなわち景気が拡大すると輸入が増加して，輸入の決済に必要な外貨が不足する。そこで，政府は少し景気がよくなると金融を引き締めて景気を抑制せざるをえなかった。このようなストップ・アンド・ゴー政策にようやく変化の兆しが見え始めたのは1960年代後半からである。鉄鋼や機械など重化学工業や電気機器産業などを中心に，対外競争力が強化され，貿易収支はようやく

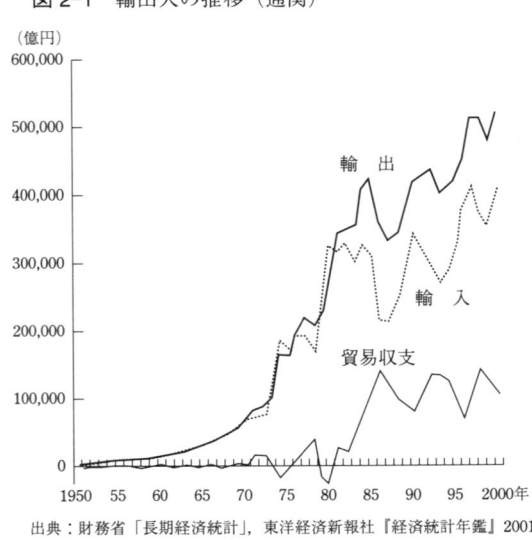

図2-1　輸出入の推移（通関）

出典：財務省「長期経済統計」，東洋経済新報社『経済統計年鑑』2001年版より。

均衡ないし若干の黒字トレンドに転じた。しかし，そこで迎えたのが1970年代の2度にわたるオイル・ショックである。

　オイル・ショックは，ある意味で，わが国経済の強さと弱さの両方を示す出来事だった。それはこういうことである。まず「弱さ」というのは，オイル・ショックがエネルギー海外依存の強いわが国経済を直撃したということである。周知のように，わが国は戦後まもなく石炭から石油へ急速にエネルギー源を転換した。その背景には，①米国を中心とする国際石油資本（メジャー）が，世界の原油埋蔵量の4分の3を占める中東原油資源を支配し，低価格原油を世界中に供給したこと，②もともとエネルギー資源に乏しい日本の国産石炭では量的にもコスト的にもまったく太刀打ちできなかったこと，がある。脆弱なエネルギー基盤のもとで高度経済成長を進めれば，わが国経済の対外依存は必然的に強まる。エネルギー価格の変動が直接国民経済に影響する。これらの「弱さ」を示したのがオイル・ショックであった。

　もう一つの側面である「強さ」とは何か。それはショックからの立ち直りを見ればわかる。オイル・ショックは世界の主要国に大きな影響を与えたが，特に資源小国日本には深刻な影響が予想された。しかし，結果はかならずしもそうならなかった。むしろ諸外国に比べてわが国経済への悪影響は軽微にとどまり，回復は早かったと言える。たとえば米国の場合，実質成長率は第一次ショック時の1973年5.2％から1975年マイナス1.3％へ急落した。第二次ショックの時は，1978年5.3％から1980年マイナス0.2％へ，これまた大きな低下であった。これに対してわが国の場合，第一次ショック時は初年度こそ1973年7.6％から1974年マイナス0.8％へ，米国と同様に激しく低下するが，1年後の1975年には逆に2.9％のプラス成長へと急速に回復している。また，第二次ショックでは，1978年5.0％が1980年3.5％への低下にとどまり，諸外国ほど大きな落ち込みはなかった。

　このような非対称が生じた理由はなんだろうか。よく消費者の学習効果が影響したと言われる。1度目のショックで経験を積んだ消費者は，2度目のショックでは事前に物価上昇を予測し，それほど極端に消費を削減しなかったというわけである。しかし，学習効果だけで説明するには無理がある。なぜなら，もしそうならば，なぜ米国の消費者は日本と同じように学習して行動しなかっ

たのか，うまく説明できないからである。

　ここで忘れてならないのは日本の輸出である。1979年から1985年までの5年間に，わが国の輸入は922億ドルから1084億ドルと微増であったが，輸出は844億ドルから1476億ドルへ急増している。他方，同じ時期の米国をみると，輸出は1864億ドルから2128億ドルへ増大したが，輸入はそれ以上に2063億ドルから3453億ドルへ約7割近くも増えている。この大部分は日本からの輸入であった。日本の対米輸出は，1979年の263億ドルが1985年には688億ドルへと実に2.6倍にも増えている[1]。対米輸出が日本経済の危機を救ったのである。国内経済の危機を対外競争力の強さで乗り切る，これがオイル・ショックが示したわが国経済のもう一つの側面であった。しかし，これが本当の意味で日本経済の「強さ」と言えるのかどうか，実はそれが現在問われている。この点は後でも触れることになるが，いずれにしても，1970年代のオイル・ショックとその回復過程はその後の日本経済の進路を示唆する出来事であった。

## 2　1980年代円高と海外進出

　1970年代のオイル・ショックの余韻を残しながら，世界経済は1980年代に入る。1980年代の10年間は，大きく高度成長から低成長に世界経済の構造が変化する時期であったが，わが国のグローバル化を考えるうえでも重要な時期である。すなわち，この時期にその後の日本経済の構造的特徴とも言える三つの基本形がつくり出される。つまり，①輸出の拡大と貿易摩擦，②対外直接投資の進展，そして③国際的に見て異常な超長時間労働である。

### 1)　輸出の拡大と貿易摩擦

　1981年に成立したレーガン政権は，「強いアメリカ，強いドル」を掲げて，新しい経済政策を打ち出した。それは新自由主義あるいは新保守主義といわれるが，具体的には，大幅減税と歳出削減，規制緩和による民間活力の強化，そして貨幣供給量重視の金融引き締め策である。このうち，歳出削減については，強い米国を実現する軍備拡張に力を入れたために，むしろ支出がふくらみ財政は悪化する。財政赤字が累積するなかで金融を引き締めたことで，金利は上昇

---

[1]　以上は，東洋経済新報社『経済統計年鑑』1990年版による。

した。それにともない，世界中の遊休資金が米国に集中し，ドルは増価する。1978年の1ドル201円が1982年には1ドル249円にまで25％近く高騰したのである。このドル高が，すでに述べたように，わが国の対米輸出を急増させて，オイル・ショック後のわが国の景気回復を早めることに寄与した。当時の中曽根内閣は1人100ドル購入運動や航空機，船舶の緊急輸入など黒字減らしにやっきとなるが，焼け石に水であった。

さて，ドル高に支えられた対米輸出の急拡大は，当時「集中豪雨的輸出」と呼ばれて米国の反発を招いた。実は，わが国の輸出増大への批判は1980年代に始まったことではない。戦後の日本経済の回復と発展のなかで，対日批判はいく度も繰り返されてきた。1950年代の繊維や軽工業品，1960年代後半の鉄鋼，そして1970年代のカラーテレビや自動車等である。これらと比較すると，1980年代の輸出拡大は特別に大きな貿易摩擦を生んだ。それは以前の摩擦は高度成長期であり輸出国と輸入国がともに発展する過程で生じた部分的摩擦だったが，今回は世界経済の成長トレンドが落ち込むなかで生じた摩擦だからである。輸入はその国の企業にとっては，販売市場が奪われるマイナス効果を持つ。しかし，右肩上がりの成長過程では，マイナス効果は全体としてのプラス効果によって相殺され，顕在化することはなかった。しかし，1980年代以降はそうではない。互いに相手国の需要を奪い合う，競合の側面が強まったのである。実際，鉄鋼にしても自動車にしても，わが国の対米輸出が拡大するなかで，米国内の自動車産業は生産や雇用を絶対的に縮小していった。

対米輸出の急増とともに，1985年春以降，米国国内で対日批判と保護主義的な動きが高まる。日本からの輸入に課徴金を賦課する法案やわが国の貿易慣行を不公正としてその是正を求める対日不公正貿易是正法案が続々と米国議会に提出される。そして，この対日批判を回避するために日本企業は米国への本格的な直接投資に踏み切るのである。自動車の場合，海外生産は，本田技研が1982年に米国・オハイオ州に現地工場を設立したのが第1号である。欧州では日産が1986年にイギリスに進出したのが最初である。こうして1980年代中頃は対外直接投資のスタート期となった。

2) プラザ合意と対外直接投資

日本の対外直接投資の推移を示したのが図2-2である。これからわかるよう

図2-2 日本の対外直接投資推移

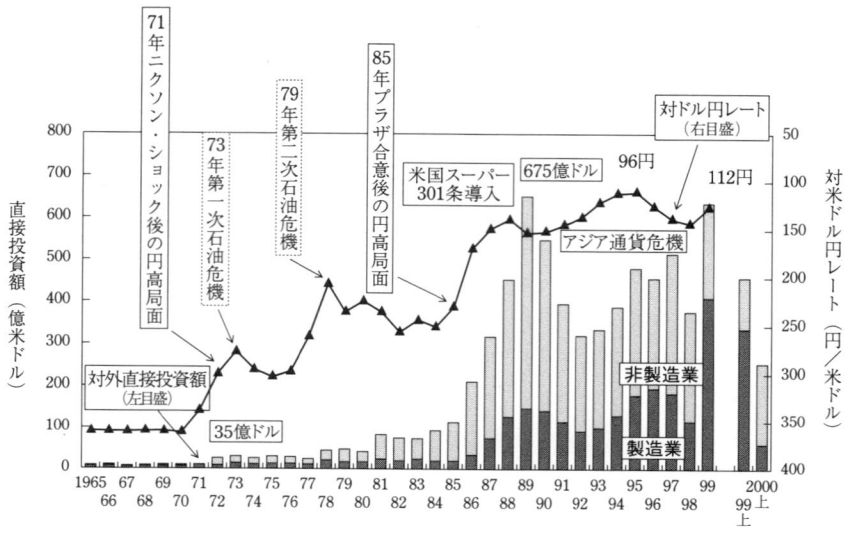

注：対米レートは，東京インターバンク市場の直物中心相場期中平均。
1996年度以降の直接投資額は，期中平均レートで経済産業省が米ドルに換算。
資料：対外直接投資額は，財務省「対外直接投資届出・報告実績」。
出所：経済産業省「2000年海外事業活動基本調査概要（1999年実績）」2001年5月より。

に対外直接投資は1985年のプラザ合意以降に急増している。当時，年間120億～130億ドルの海外投資は，1989年には800億ドルを超える水準に達した。

実は，わが国の対外直接投資は，1980年代半ばまでは諸外国に遅れていた。海外から日本への直接投資は1967年に開始され，1973年には一部の例外を除いて100％自由化され，米国を中心に対日投資が進展する。これに対して日本から海外への直接投資は，イギリスや米国よりずっと遅れて，本格化するのはようやく1980年代半ば以降である。日本の海外投資が遅れた理由はなんだろうか。第1に，日本企業の場合，下請け・孫請けといった中小零細企業がピラミッド型の企業群を形成して，全体として高い生産性を実現していたが，このような優秀な下請け企業群は海外には容易に見出し難かった。第2に，国内に低賃金で有能な労働者が豊富に得られたからである。ところが，急激な円高によって状況は一変する。円高は外国での資金や資材の調達コストを引き下げる。特に重要なのが賃金コストである。30％の円高が生じたとすると，外国や日本の労

働市場で賃金水準になんの変化がなくても，国際比較上は日本の賃金が30％上昇したのと同じ効果をもつ。数時間の距離に，日本の賃金の数十分の1で優秀な労働力が豊富に存在し，それがますます安くなっていく。これは，企業にとって大きなビジネス・チャンスである。

輸出に対する海外からの批判と円高の進展，この二つが日本の対外直接投資を生んだ国際環境であったとすると，それを後押ししたもう一つの要因がある。それが政府の規制緩和である。

プラザ合意以後の円高不況に対する日本政府の対応は，第1に内需拡大と金融緩和による景気対策であり，第2は自由化の推進，規制緩和であった。この二つの政策は一方はケインズ的な景気刺激策であり，他方は新自由主義の考えにもとづく市場活性策であり，両者は奇妙な折衷，理論的にバランスを欠いたものであった。特に，第1の内需拡大と金融緩和といっても，実際には財政赤字が累積するなかで，政府歳出は1980年代以降は抑制され，景気対策の中心は金融的措置に置かれるようになった。しかし，金融緩和は，国内投資や消費など実物面の盛り上がりと，うまくかみ合ってはじめて効果が期待できる。しかし，当時その環境は失われつつあった。世界経済の成長率が鈍化して企業の先行きが悪化し，高齢化と雇用不安で家計の将来見通しが不確実になっていた。その結果，投資や消費は盛り上がりを欠いていたが，これらを克服する適切な対処を欠いたままで金融のみを緩和しても，余剰資金は実物需要に向かわない。特に，貿易摩擦に危機感を抱いていた日本企業にとって，円高と金融緩和は，海外直接投資に踏み出す絶好の条件となった。日本で安い資金を借り，外国へ出て行く，この動きが堰を切ったように進展するのである。図2-2からわかるように，1980年代半ば以降の対外直接投資は，その後一時アジア通貨危機などで停滞することもあったが，ほぼ一貫して高い水準を維持し続けている。

3) **超長時間過重労働**

すでに述べたように，わが国の貿易収支は1960年代後半以降黒字に転じた。貿易黒字の定着は，日本の対外的な競争力が世界のトップレベルに達したことを反映していた。1970年代初期からの30年間に，円の対ドルレートは360円から120円に約3倍に上がった。円が3倍になるということは，以前と同じ国内価格ならば，海外価格が3倍に上がることである。明らかに輸出にはマイナス

である。ところがこの間に日本の対外輸出は減るどころか，実質で約5倍以上に増えている[2]。円高にもかかわらず輸出が増えた理由として，次の二つがある。第1は，わが国の技術革新による生産性上昇が著しく，コストダウンを実現してきたこと，そして第2に，他国に例を見ない超長時間過密労働である。技術進歩と労働強化，ここでは特に労働強化について触れておきたい。

わが国の総労働時間は1960年代の高度成長期時代にはむしろ短縮していた。これが増大に転じたのは1970年代末の第二次オイル・ショック以降である。石油危機から脱出するために，各企業は減量経営を進めたが，1985年のプラザ合意と円高によって，より徹底した人員削減，いわゆるリストラを本格化させる。その現れが超長時間労働と雇用の「流動化」である。

超長時間労働の実態はかならずしも明らかではないが，1980年代半ばの米国，日本，イギリス，ドイツ（西ドイツ），フランス5ヵ国のデータによると，日本の労働時間はドイツやフランスよりも年間約500時間長い。これらのデータにはいわゆるサービス労働が十分把握されていないので，日本の実際の長時間労働ははるかにこれを上回っているであろう[3]。減量経営下の過密労働は，いわゆる「過労死」という特殊日本的な社会問題を生み出すに至った。これが問題になり始めるのも1980年代からである。労働省（現 厚生労働省）は1987年に過労死に対する労災認定の新しい基準を通達する。その背景には，年間500件前後の補償請求が提出されても，そのうち認定に至るのは10％程度にすぎないという事実があった。過労死であることの証明を遺族の側がしなければならないなど，実態を明らかにすること自体が大変困難であった。この現実はいまもさほど変わっていない。

リストラ経営の第2の現れは労働力の「流動化」である。雇用形態を経営実態に合わせて流動化するとして，派遣，出向，臨時，契約雇用等，いわゆる非

---

[2] わが国の輸出を数量指数でみると，1970年を100として，2000年は575である。東洋経済新報社『経済統計年鑑』2001年版より。

[3] 森岡孝二『企業中心社会の時間構造』（青木書店，1995年）には，年間1800時間という政府目標の達成が，サービス残業の解消を考慮したとき，いかに日本の経済システム全体の根本的変革を要する課題であるかが述べられている。「労働力調査」によると1991年の労働時間は年間2300時間を超える。男性に限れば2500時間を越えている（同書，217頁）。

正規雇用が増大している。これも新しい特徴である。実は，全雇用者に占める常用雇用者の割合は戦後一貫して増大してきた。それが1970年代半ばをピークに，徐々に低下し始める。その内容を見ると，主として非正規雇用者が増大しているのは女性労働である。「労働力調査」によると，女性雇用者全体に占める短時間雇用の割合は1980年19.3％，256万人が，1990年には27.9％，501万人へこの10年間に急増している[4]。こうして従来の正規雇用を中心とする「日本型雇用」はいま急速に変わり始めているが，その転機が1980年代であった。

### 3　1990年代不況とグローバル化

1980年代後半のバブルとその崩壊によって，わが国経済は不況に突入する。以後10年以上にわたる長期不況の始まりである。このなかでわが国のグローバル化は新たな展開を見せる。この時期のグローバル化は，①海外直接投資がアジアを中心に進展したこと，②海外生産からの逆輸入が大幅に伸び，国内経済の空洞化が深刻化したこと，そして③日本経済の落ち込みを賃金抑制，雇用の流動化など，労働者への犠牲で乗り切るリストラが企業戦略として進められたことなどが特徴である。

#### 1）　海外投資のアジア・シフト

直接投資は，1970年代と1980年代以降では違いがある。1970年代は繊維，化学といった素材型産業が中心で，相手国も発展途上国，特にアジア諸国であった。進出を決めた要因としては，労働コストの低減が大きかった。エレクトロニクス等の加工組立産業のアジア進出も，労働コストの低減が大きな理由になっていた。これに対して，1980年代の直接投資は，自動車，エレクトロニクス部門が中心であり，米国等の先進国向けに活発化した。進出の目的は，コスト削減より，貿易摩擦への対応や進出先での新規需要の開拓に重点が置かれている。

1991年のバブル崩壊によって，海外直接投資は一時落ち込む。ピーク時1989年の約9兆円が1993年には4兆2000億円へと半分以下になった。それでも1985年の水準と比べると3倍の規模であり，その後も高い水準で推移している。

---

4）『労働白書』平成6年度版より。

この時期の特徴は，多くの製造企業がアジアをめざす，いわゆるアジア・シフトが進んだことである。円高やアジア地域の急成長を背景に，1992年頃からアジア向け直接投資が増大に向かう。特に，中国への投資が急増している。

　中国向けの直接投資は，大企業だけでなく，むしろ中小企業が多いのが特徴である。中小企業の対外直接投資を見ると，アジア向け，特に中国向けが全体の60％を占めている[5]。業種別にみると，繊維が投資件数の約半数を占めており，さらに，その9割が中国向けである。繊維はコストに占める人件費の割合が高く，中国が格好の投資先となったと考えられる。

　以上のような1990年代直接投資のアジア回帰は，従来の，①アジアには優秀な低賃金労働者が豊富に存在してコスト的に有利であることと，②世界経済が高度成長から低成長に転換し，21世紀に成長が見込める最後の市場としてのアジアの魅力，の両者が結びついた結果と言えよう。1990年代の成長率は世界全体が2.5％であるのに対して，アジア太平洋地域は7.5％，中国は10.7％であった[6]。アジアは最後に残された21世紀フロンティアなのである。

2) 逆輸入と空洞化

　アジア・シフトで日本国内の産業空洞化が深刻になっている。日本企業の海外進出はいまや一部の先端産業だけでなく，代表的な輸出産業である電機，自動車，精密機械から，伝統産業である繊維，出版印刷，金属などに広がっている。これら伝統産業は中小企業が比較的大きなシェアを占める産業である。

　海外生産にともなって，国内生産が減少している。たとえば，自動車産業の場合，ピークの1990年に国内生産台数は約1350万台であったが，その後5年連続で低下し，1999年には990万台にまで減少した。この間360万台の減少であり，国内雇用に与える影響はきわめて大きい。その典型が日産座間工場の生産停止であった。日産自動車は1993年2月に座間工場での乗用車生産をとりやめ，配置転換と新規採用の抑制で3年間に5000人の人員削減を発表した。神奈川県座間市は典型的な企業城下町として発展してきた町であり，企業の海外進出による地域経済への打撃が社会問題化した最初の例である。自動車産業は関連企業

---

5) 『中小企業白書』平成7年度版より。

6) 2001 World Development Indicators, 世界銀行（World Bank ホームページより）。

表 2-1　逆輸入額・逆輸入比率の推移（製造業：除く石油石炭，木材紙パ，食料品）

（単位：10億円，％）

| 年度 | | 1987 | 1988 | 1989 | 1990 | 1991 | 1992 | 1993 | 1994 | 1995 | 1996 | 1997 | 1998 | 1999 |
|---|---|---|---|---|---|---|---|---|---|---|---|---|---|---|
| 逆輸入額 | 全地域 | 772 | 925 | 1,293 | 1,308 | 1,557 | 1,516 | 2,024 | 2,585 | 2,665 | 4,053 | 5,182 | 4,422 | 4,872 |
| | 北米 | 94 | 163 | 315 | 281 | 284 | 192 | 334 | 407 | 295 | 375 | 426 | 400 | 597 |
| | アジア | 620 | 650 | 815 | 896 | 1,123 | 1,200 | 1,414 | 1,847 | 2,158 | 3,392 | 4,365 | 3,598 | 3,911 |
| | ヨーロッパ | 21 | 46 | 45 | 66 | 71 | 48 | 168 | 225 | 97 | 175 | 349 | 276 | 216 |
| 日本の総輸入額に占める割合 | | 4.0 | 4.2 | 4.6 | 4.2 | 5.9 | 5.8 | 8.7 | 10.2 | 9.1 | 11.2 | 14.3 | 14.0 | 14.8 |
| 逆輸入比率 | 全地域 | 6.2 | 5.5 | 6.0 | 5.2 | 6.4 | 6.4 | 7.5 | 8.1 | 7.7 | 9.0 | 10.4 | 9.1 | 10.0 |
| | 北米 | 1.7 | 2.3 | 2.7 | 2.6 | 2.7 | 2.0 | 3.0 | 3.3 | 2.1 | 2.2 | 2.1 | 1.9 | 2.8 |
| | アジア | 15.7 | 12.1 | 16.4 | 12.0 | 14.5 | 16.7 | 16.3 | 16.2 | 18.5 | 20.9 | 25.2 | 25.1 | 24.3 |
| | ヨーロッパ | 1.1 | 1.6 | 1.5 | 1.3 | 1.6 | 0.9 | 3.2 | 3.5 | 1.4 | 2.0 | 3.8 | 2.6 | 2.3 |

注：逆輸入比率＝日本向け輸出額／全売上高
出所：図2-2に同じ。

が多く，その生産減少が地域経済に与える影響はきわめて大きい。

　電機産業も同じである。カラーテレビ，VTR，携帯電話，パソコンなどの海外生産が進んでいる。VTRの場合，大手家電メーカーは国内向けの生産を海外に移し，特に賃金も輸送コストもあまりかからないアジア地域にシフトしている。VTRの国内生産台数は，1991年の2600万台から1995年には1200万台へと急減した。他方で，輸入台数は，1991年から1995年までのわずか4年間に10倍に増えて，310万台に達した。

　経済産業省の海外事業活動基本調査（2000年）から，表2-1のような逆輸入の実態が明らかになっている。それによると，製造業において逆輸入額が日本の総輸入額に占める割合は1999年時点の実績で14.8％と10年前（1989年度調査）に比べて3倍以上に拡大している。その大半はアジアからのものであり，逆輸入全体の約8割を占めている。アジア地域は生産額の約4分の1を日本向けに輸出しており，アジアとわが国の国際分業上の一体化が急進展していることが見て取れる。

　わが国の海外生産比率を業種別，地域別に見たのが表2-2である。製造業の全業種にわたって海外生産比率は上昇している。1999年度平均で12.9％になっており，この10年間に2倍以上に増えている。特に高いのが輸送用機械と電気機械であり，海外生産が2割から3割に達している。それにともなって，現地

表2-2a 業種別海外生産比率の推移 (単位:％)

| 年度 | 1989 | 1990 | 1991 | 1992 | 1993 | 1994 | 1995 | 1996 | 1997 | 1998 | 1999 | 2000見込み |
|---|---|---|---|---|---|---|---|---|---|---|---|---|
| 食料品 | 1.3 | 1.2 | 1.2 | 1.3 | 2.4 | 3.2 | 2.6 | 4.0 | 2.8 | 2.8 | 2.9 | 3.1 |
| 繊維 | 1.3 | 3.1 | 2.6 | 2.3 | 3.2 | 4.0 | 3.5 | 7.6 | 8.0 | 8.9 | 9.0 | 9.2 |
| 木材紙パルプ | 1.9 | 2.1 | 1.6 | 1.4 | 1.9 | 2.1 | 2.2 | 2.9 | 3.8 | 3.6 | 3.5 | 3.8 |
| 化学 | 3.8 | 5.1 | 5.5 | 4.8 | 7.0 | 8.1 | 8.3 | 10.0 | 12.4 | 11.9 | 11.5 | 13.6 |
| 鉄鋼 | 5.3 | 5.6 | 4.9 | 5.0 | 6.3 | 5.4 | 9.2 | 12.1 | 13.1 | 10.9 | 9.8 | 7.3 |
| 非鉄金属 | 6.4 | 5.2 | 5.2 | 7.8 | 6.5 | 8.8 | 6.7 | 11.1 | 10.9 | 9.3 | 10.9 | 14.0 |
| 一般機械 | 3.8 | 10.6 | 7.6 | 4.1 | 5.8 | 8.1 | 8.1 | 11.7 | 11.5 | 14.3 | 12.4 | 13.7 |
| 電気機械 | 11.0 | 11.4 | 11.0 | 10.8 | 12.6 | 15.0 | 16.8 | 19.7 | 21.6 | 20.8 | 21.4 | 25.2 |
| 輸送機械 | 14.3 | 12.6 | 13.7 | 17.5 | 17.3 | 20.3 | 20.6 | 24.9 | 28.2 | 30.8 | 30.6 | 33.2 |
| 精密機械 | 5.4 | 4.7 | 4.4 | 3.6 | 5.6 | 6.0 | 6.6 | 8.6 | 9.1 | 10.3 | 12.3 | 15.2 |
| 石油石炭 | 0.1 | 0.2 | 1.2 | 5.2 | 7.1 | 5.6 | 3.7 | 2.8 | 1.7 | 2.3 | 1.2 | 1.4 |
| その他 | 3.1 | 3.1 | 2.6 | 2.3 | 2.8 | 3.0 | 3.0 | 4.3 | 4.1 | 4.6 | 4.4 | 5.0 |
| 製造業 | 5.7 | 6.4 | 6.0 | 6.2 | 7.4 | 8.6 | 9.0 | 11.6 | 12.4 | 13.1 | 12.9 | 14.5 |

表2-2b 地域別海外生産比率 (単位:％)

| | 北米 | アジア | | | | | ヨーロッパ | 全地域 |
|---|---|---|---|---|---|---|---|---|
| | | | 中国 | うち香港 | ASEAN 4 | NIES 3 | | |
| 食料品 | 1.3 | 0.8 | 0.2 | 0.1 | 0.3 | 0.3 | 0.4 | 2.9 |
| 繊維 | 0.8 | 7.0 | 2.5 | 1.4 | 1.8 | 2.6 | 0.8 | 9.0 |
| 木材紙パルプ | 2.2 | 0.5 | 0.1 | 0.0 | 0.3 | 0.1 | 0.2 | 3.5 |
| 化学 | 4.7 | 3.6 | 0.4 | 0.1 | 1.3 | 1.8 | 2.7 | 11.5 |
| 鉄鋼 | 5.3 | 3.2 | 0.6 | 0.1 | 1.8 | 0.7 | 0.2 | 9.8 |
| 非鉄金属 | 4.5 | 4.7 | 0.9 | 0.2 | 2.8 | 1.0 | 0.4 | 10.9 |
| 一般機械 | 5.4 | 3.0 | 1.4 | 0.6 | 0.8 | 0.8 | 3.7 | 12.4 |
| 電気機械 | 6.8 | 9.6 | 2.6 | 1.4 | 3.6 | 3.2 | 4.5 | 21.4 |
| 輸送機械 | 17.8 | 5.8 | 0.8 | 0.0 | 2.5 | 1.6 | 5.1 | 30.6 |
| 精密機械 | 4.0 | 5.4 | 3.0 | 1.9 | 1.0 | 1.4 | 2.7 | 12.3 |
| 石油石炭 | 0.1 | 0.8 | 0.0 | 0.0 | 0.0 | 0.7 | 0.2 | 1.2 |
| その他 | 2.1 | 1.2 | 0.3 | 0.1 | 0.5 | 0.4 | 1.0 | 4.4 |
| 製造業 | 5.6 | 4.2 | 1.0 | 0.5 | 1.6 | 1.4 | 2.5 | 12.9 |

出所:図2-2に同じ。

雇用が増えている。表2-3のように，1999年時点で，現地法人が雇用する従業者数は約320万人に達し，産業部門では電気機械，輸送機械など製造業が260万人で全体の8割以上を占め，その割合は増大している。地域別に見ると，アジアが180万人，特に中国が60万人で急速に増えている。

現地従業者に占めるアジアの割合は，非製造業の33％に対して製造業は62％になっている。以上から，アジアがわが国企業の製造業の供給基地として位置づけられ，同時に世界的な輸出基地になっていると言えるであろう。

### 3) 失業と非正規雇用の増大

1990年代不況の最も重要な特徴は雇用の悪化である。1970年から30年間の失業率の推移を見たのが図2-3である。これから明らかなように，1970年代の石油危機のときでも，完全失業率はせいぜい2％を少し上回る程度であった。1980年代のドル高不況のときが2.8％，まだ3％を下回っていた。失業率がはじめて3％を超えるのは1995年である。それからわずか5,6年のうちに5％を超えるに至ったのであり，まさに異常な上昇である。完全失業率というのはいわば氷山の一角として表面に現れた雇用現象であり，その背後にはきわめて深刻な就業危機がある[7]。従来，長期安定雇用は日本経済の特徴とされてきた。労働者は「就職」ではなく「就社」し，人生のほとんどをその会社とともに歩む。家族を含めて会社と運命をともにするのが「普通の生き方」であった。いまそれが急速に変わろうとしている。

表2-3 現地法人従業者数（1999年度，含む役員）

(1) 製造業　　　　　　　　　　　　　　（単位：人，％）

|  | 従業者数 | シェア | 前年度比 |
|---|---|---|---|
| 北　米 | 535,794 | 20.8 | 13.3 |
| アジア | 1,608,484 | 62.3 | 18.4 |
| ヨーロッパ | 268,575 | 10.4 | 11.3 |
| その他 | 167,225 | 6.5 | 11.8 |
| 全地域 | 2,580,078 | 100.0 | 16.1 |

(2) 非製造業

|  | 従業者数 | シェア | 前年度比 |
|---|---|---|---|
| 北　米 | 205,230 | 35.3 | 18.9 |
| アジア | 191,689 | 33.0 | 4.4 |
| ヨーロッパ | 114,652 | 19.7 | 2.6 |
| その他 | 69,101 | 11.9 | 17.3 |
| 全地域 | 580,672 | 100.0 | 10.2 |

(3) 全産業

|  | 従業者数 | シェア | 前年度比 |
|---|---|---|---|
| 北　米 | 741,024 | 23.4 | 14.8 |
| アジア | 1,800,173 | 57.0 | 16.7 |
| ヨーロッパ | 383,227 | 12.1 | 8.6 |
| その他 | 236,326 | 7.5 | 13.3 |
| 全地域 | 3,160,750 | 100.0 | 15.0 |

出所：図2-2に同じ。

---

7) 1997年の就業構造基本調査によると，15歳人口に占める無業者のうち就業希望者は1133万人で，完全失業者316万人（当時）の3.5倍にのぼる。

図 2-3 完全失業率の推移

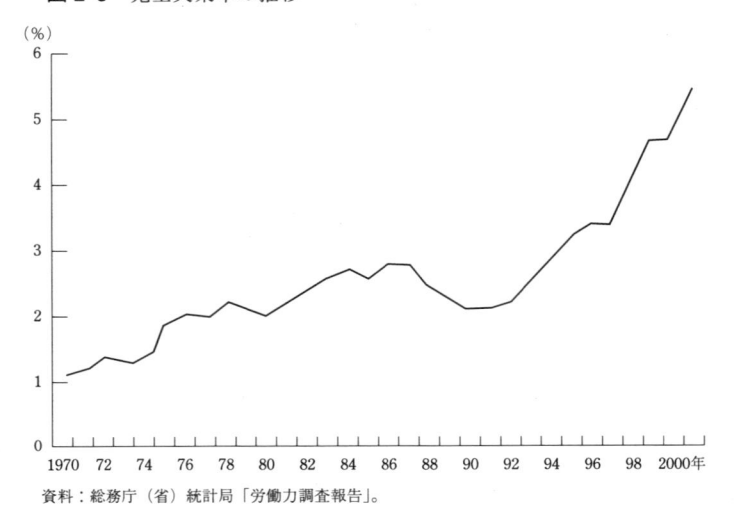

資料：総務庁（省）統計局「労働力調査報告」。

　長期安定雇用は終身雇用，年功序列と一体のものとして日本の高度成長を支えてきた。もちろん，長期安定雇用の仕組みは，かならずしも労働者にとって望ましいといえないかもしれない。働き盛りの若年時代を低賃金で企業に縛りつけるシステムが長期安定雇用だったからである。数十年間を低賃金で我慢し，ようやく序列も上がり，いよいよこれから安定した雇用と賃金を享受できると思った矢先のリストラは，50歳代以上のいわゆる団塊の世代にとっては契約違反とも言える過酷な仕打ちである。

　団塊世代の痛みが団塊世代だけの痛みなのだろうか。企業にとって，あるいは若年世代にとって問題はないのだろうか。そうではない。長期安定雇用という雇用形態が持つ，企業にとっての積極的な面を見る必要がある。第1は，企業の技能継承という側面である。長期安定雇用は企業が経験と技能を後の世代に継承していく人的資本の形成メカニズムとして有効であった。短期雇用はこの技能継承を断ち切る。第2は，労働インセンティブの源泉，消費需要の担い手としての労働者家計への悪影響である。雇用の不安定化，労働条件の悪化は労働者家計に大きな不安を与える。労働条件が不安定になると労働者は自発的，積極的に働く意欲を失う。また，消費の低迷はマクロ経済全体に深刻なデフレ

郵便はがき

**113-8790**

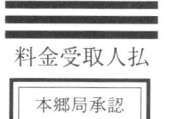

料金受取人払

本郷局承認

**5201**

差出有効期間
平成15年9月30日まで
(切手は不要です)

（受取人）
東京都文京区本郷1−5−17
　　　三洋ビル16号室

桜 井 書 店 行

〒番号 □□□-□□□□
ご住所

| お電話 | （　　） | ファックス | （　　） |

Emailアドレス
（ふりがな）
お名前

　　　　　　　　　　　　男・女　　　　　　年生まれ　　　歳

**ご職業**　1．学生（高校・大学・大学院・専門学校）2．会社員・公務員　3．会社・団体役員　4．教員（小学・中学・高校・大学）　5．自営業　6．主婦　7．その他

**ご関心のある分野**　1．歴史（日本史：前近代・近現代　世界史　ヨーロッパ史　アジア史　歴史理論　その他　　　　　　　　　　　　　　　　　　　　　　　　　　）
2．経済（日本経済　世界経済　アジア経済　経済理論　その他　　　　　　　　　）
3．教育（　　　　　　　　　　　　）4．法律・政治（　　　　　　　　　　　　）
5．社会（社会学　社会理論　その他　　　　　　）6．哲学・思想（　　　　　　）
7．心理（　　　　　　　）8．環境（　　　　　　）9．その他（　　　　　　　）

# 日本経済の構造改革　　　読者カード

　桜井書店の本をご購読いただき，ありがとうございます。今後の編集の資料とさせていただきますので，お手数ですが，下記の設問にお答えください。ご協力をお願いいたします。

●この本を最初に何でお知りになりましたか。

1．新聞広告（新聞名　　　　　　　　）　2．雑誌広告（雑誌名　　　　　　　　　）
3．新聞・雑誌などの紹介記事で　4．書店・生協でみて　5．人にすすめられて
6．インターネットなどのPC情報で　7．その他

●お買い求めの動機は？

1．タイトルが気に入ったから　　　2．テーマに興味があったから
3．著者に関心があるから　　　　　4．装丁がよかったから
5．書評・紹介記事を読んで　　　　6．広告をみて
7．書店・生協の店頭で内容をみて
8．その他

●この本をお読みになってのご意見・ご感想や小社に対するご要望をお書きください。

●ご協力ありがとうございました。

作用をもたらし，需要面から企業活動の制約になってくる。

1999年の労働省「就業形態の多様化に関する総合実態調査」(2000年6月) によると，すでに全労働者の約3割が非正規雇用であり，6年前の調査と比べて約5％増大している。特に女性の場合，47%と約半数が非正規社員となっている。非正規雇用のうちパートタイマーが最も大きな割合を占めている。企業がパートタイマーを採用する理由のうち，最大のものは「人件費の節約のため」であり，「1日，週の中で仕事の繁閑に対応するため」，「景気変動に応じて雇用量を調節するため」がそれに続いている。

1995年6月に日経連は「新時代の日本的経営——挑戦すべき方向とその具体策」という報告書を発表した。そのなかで，今後は「従来の包括・一元的な管理感覚と制度では対応できない。雇用形態の多様化や需給関係の変化は，新しいタイプの雇用システムを生み出していくことになろう」としたうえで，今後の雇用のタイプとして，「蓄積能力活用型」「高度専門能力活用型」「雇用柔軟型」の三つのグループに分かれてくると見通している。この報告は日本企業が全体として長期安定雇用から流動的雇用へと切り替えることを示した基本文書である。この雇用の不安定化は1990年代不況の特徴をなしている。

## 第2節　グローバル化推進論とその背景

本節では，わが国はもっと積極的にグローバル化を進めるべきだとする議論を検討する。このような議論は，外国との貿易や市場取引の持つプラスの効果を根拠とする一般的な議論から，わが国の置かれた特殊な事情からグローバル化を正当化するものまで多様である。以下では，最初にわが国が資源エネルギーに恵まれない国であるという事実を根拠に，対外展開を根拠づける議論を検討する。次に，貿易の利益からグローバル化の便益を主張する新古典派の議論を紹介する。このような主張はグローバル化に対して多くの人々が無意識のうちに影響されている考え方であろう。本節では，このような主張が成り立つのかどうか，成り立つためにはどのような条件が必要かを明らかにする。そして，結論として，現在わが国が直面する諸問題を解決していくためには，「貿易の利益」を根拠にしたグローバル化のロジックはもはや有効ではないことを明ら

かにしたい。最後に，グローバル化は世界的現象である。その国際的背景は何か，また現在の小泉構造改革はこれとどのようにかかわり，いかなる性格を有しているのか，といった問題を検討する。

## 1  資源小国・輸出立国の宿命

　日本は資源小国である。国土も狭い。なによりエネルギーや原材料など経済の基盤となる天然資源に決定的に不足している。したがって，経済の発展をはかるためには外貨を稼いで輸入に充てる必要がある。これは日本のいわば宿命であり，貿易の進展，したがってグローバル化によって輸出拡大に努めることは国是である。このような見解は古くから日本人の心を捉えており，人々が現在のグローバル化を考える際につねに底流にある考えだと思われる。

　たしかに日本は原燃料資源に不足しており，石油や石炭，鉄鉱石，木材などは相当部分を外国の供給に依存している。それらを輸入するために外貨が必要である。したがって外貨獲得のために輸出が不可欠である。そう考えると，輸出に重点を置いた経済構造はきわめて自然なことのように思われる。

　しかし，いま現実に起こっているグローバル化を，この地政学的事実から説明するには無理がある。なぜなら，問題になっているのは，日本の輸出が輸入を恒常的に大幅に上回っていることだからである。前出の図 2-1 からも明らかなように，1980年代半ばからわが国の対外貿易黒字は年間約10兆円に達する大幅な黒字状態が続いている。エネルギー等の原燃料輸入が国民生活に不可欠で，そのために輸出を拡大しなくてはならないということではない。

　図 2-4 はわが国の GDP と輸出の成長率の関係を図にしたものである。輸出の変化が GDP 成長率と正の関係を持っていること，そして輸出成長率の変動が GDP 成長率の変動をはるかに上回っていることがわかる。特に1970年以降はこの傾向が強まっている。輸出の増大が経済を引き上げて，輸出の減少がわが国経済にマイナスに作用する。このような輸出主導型の経済構造が存在している。国内の需要だけでは満たされない過剰な生産をして，その外国への販売の成否が国内景気を左右する状態になっているのである。

　日本経済の輸出依存構造をもう少し詳しく調べてみよう。経済全体の需要は最終需要と，その最終需要を満たすための生産に原材料として投入される財貨

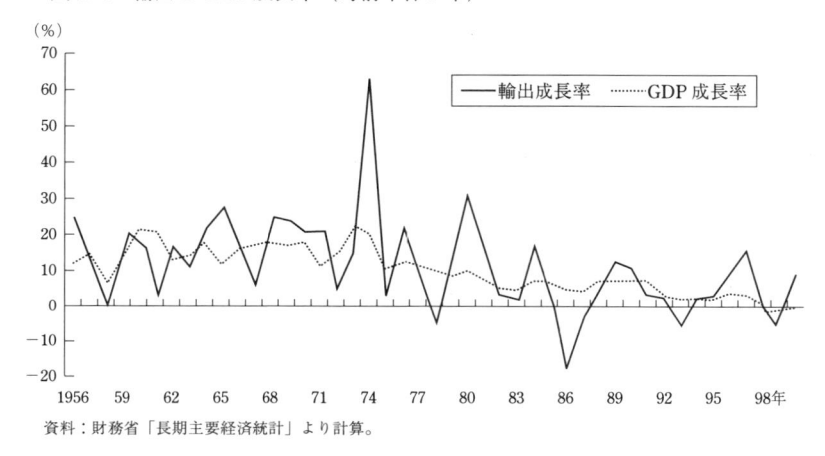

図 2-4　輸出と GDP 成長率（対前年伸び率）

資料：財務省「長期主要経済統計」より計算。

需要である中間需要とに分けられる。中間需要は総生産に依存するので，最終的に各部門の生産がどのような項目の最終需要にどの程度依存するかを明らかにできる[8]。表 2-4 は1995年のわが国の32部門産業連関表を用いて，各産業部門が消費，民間投資，政府支出，輸出という四つの最終需要に依存する割合を試算したものである[9]。たとえば，農林水産業は最終的にはその需要の86％が自国の消費需要に依存し，民間投資需要には 7 ％，政府支出には 5 ％，輸出には1.7％を依存している。この表から輸出への依存が高い産業は，輸送機械（38％），電気機械（38％），鉄鋼（31％），非鉄金属（33％），一般機械（29％），精密機械（32％）などであることがわかる。これらはわが国のリーディング・インダストリーであり，需要のかなりの部分を外国に依存する構造になっているのである。これに対して，内需依存型の産業，すなわち消費需要や政府支出に多くを依存する産業は何か。6 割以上を消費に依存している産業は，農林水

---

[8] 国内生産を $X$，投入係数行列を $A$，最終需要を $F$，輸出を $E$，輸入を $M$ と書くと，需給均衡式は $X=AX+F+E-M$ となる。輸入は国内総需要の一定割合とすると，$M=m(AX+F)$ であるから，$X=(I-(I-m)A)^{-1}[(I-m)F+E]$ となる。最終需要への依存額，輸入誘発額はこの式から試算した。

[9] 総務省ほか「平成 7 年産業連関表」1998年 9 月より計算。

表 2-4　各種最終需要への究極的依存度（1995年産業連関表より）

| | 消費 | 投資 | 政府 | 国内最終需要 | 輸出 | 輸入比率 |
|---|---|---|---|---|---|---|
| 1　農林水産業 | 0.864 | 0.072 | 0.048 | 0.983 | 0.017 | 0.150 |
| 2　鉱業 | 0.452 | 0.231 | 0.186 | 0.869 | 0.131 | 3.519 |
| 3　食料品 | 0.957 | 0.002 | 0.032 | 0.992 | 0.008 | 0.123 |
| 4　繊維製品 | 0.771 | 0.086 | 0.054 | 0.911 | 0.089 | 0.246 |
| 5　パルプ・紙・木製品 | 0.393 | 0.309 | 0.218 | 0.920 | 0.080 | 0.104 |
| 6　化学製品 | 0.438 | 0.095 | 0.262 | 0.795 | 0.205 | 0.087 |
| 7　石油・石炭製品 | 0.610 | 0.135 | 0.136 | 0.881 | 0.119 | 0.109 |
| 8　窯業・土石製品 | 0.183 | 0.409 | 0.291 | 0.882 | 0.118 | 0.033 |
| 9　鉄鋼 | 0.140 | 0.386 | 0.161 | 0.688 | 0.312 | 0.030 |
| 10　非鉄金属 | 0.197 | 0.336 | 0.139 | 0.672 | 0.328 | 0.283 |
| 11　金属製品 | 0.204 | 0.426 | 0.263 | 0.894 | 0.106 | 0.020 |
| 12　一般機械 | 0.045 | 0.607 | 0.060 | 0.712 | 0.288 | 0.039 |
| 13　電気機械 | 0.201 | 0.345 | 0.078 | 0.625 | 0.375 | 0.096 |
| 14　輸送機械 | 0.285 | 0.282 | 0.052 | 0.619 | 0.381 | 0.040 |
| 15　精密機械 | 0.268 | 0.315 | 0.097 | 0.679 | 0.321 | 0.179 |
| 16　その他の製造工業製品 | 0.510 | 0.190 | 0.162 | 0.862 | 0.138 | 0.083 |
| 17　建設 | 0.056 | 0.535 | 0.403 | 0.993 | 0.007 | 0.000 |
| 18　電力・ガス・熱供給 | 0.639 | 0.126 | 0.153 | 0.918 | 0.082 | 0.000 |
| 19　水道・廃棄物処理 | 0.529 | 0.057 | 0.379 | 0.965 | 0.035 | 0.000 |
| 20　商業 | 0.665 | 0.181 | 0.084 | 0.930 | 0.070 | 0.002 |
| 21　金融・保険 | 0.671 | 0.138 | 0.105 | 0.915 | 0.085 | 0.028 |
| 22　不動産 | 0.934 | 0.027 | 0.025 | 0.987 | 0.013 | 0.000 |
| 23　運輸 | 0.582 | 0.159 | 0.124 | 0.865 | 0.135 | 0.050 |
| 24　通信・放送 | 0.685 | 0.130 | 0.131 | 0.946 | 0.054 | 0.005 |
| 25　公務 | 0.038 | 0.003 | 0.956 | 0.998 | 0.002 | 0.000 |
| 26　教育・研究 | 0.305 | 0.089 | 0.523 | 0.916 | 0.084 | 0.001 |
| 27　医療・保健・社会保障 | 0.264 | 0.000 | 0.736 | 1.000 | 0.000 | 0.000 |
| 28　その他の公共サービス | 0.878 | 0.046 | 0.044 | 0.968 | 0.032 | 0.008 |
| 29　対事業所サービス | 0.416 | 0.297 | 0.195 | 0.909 | 0.091 | 0.025 |
| 30　対個人サービス | 0.974 | 0.005 | 0.011 | 0.990 | 0.010 | 0.052 |
| 31　事務用品 | 0.519 | 0.173 | 0.218 | 0.909 | 0.091 | 0.000 |
| 32　分類不明 | 0.473 | 0.191 | 0.216 | 0.880 | 0.120 | 0.102 |
| 計 | 0.121 | 0.139 | 0.086 | | 0.137 | |

注：消費＝家計外消費支出＋民間消費支出
　　投資＝固定資本（民間）＋在庫純増
　　政府＝一般政府消費支出＋固定資本（公的）
　　輸入比率＝輸入額÷国内生産額
資料：1995年産業連関表を用いて試算。

産業のほかに，食料品（96％），繊維製品（77％），石油・石炭製品（61％），電力・ガス・熱供給（64％），商業（67％），金融・保険（67％），不動産（93％），通信・放送（69％），その他公共サービス（88％），対個人サービス（97％）である。それらは，サービスや商業，電力・ガス等，財の性質上，国内の消費需要に多く依存せざるをえない部門である。また，政府支出に依存する部門は，公務（96％），医療・保険・社会保障（74％）を除くと，教育・研究部門（52％）と建設部門（40％）である。建設部門が高いのが目につく。

次に，輸入に目を転じよう。さきにわが国経済の宿命として原燃料不足があると述べたが，実は輸入に占める原燃料輸入の割合はそれほど高くない。たとえばIMF統計によると1999年のわが国の輸入額は約35兆円であるが，そのうち原油や粗油，液化天然ガスなど鉱物性燃料の輸入は16％の5兆6000億円にすぎない（日本関税協会「外国貿易概況」）。輸入額の半分以上は繊維製品や化学製品などの製品輸入である。

表2-5は輸入総額に占める製品輸入の割合を時系列で見たものである。1986年に42％程度であった製品輸入率が，2000年には61％を超えるまでに上昇している。特に上昇の著しいのがASEAN，中国等のアジアからの輸入である。ASEANからの製品輸入は11％から60％へ，中国からの製品輸入は35％から83％へ15年間に急増している。日本企業の現地生産の本格化にともない，東南アジアは安い労働力を利用した本格的な日本への供給基地として確立しつつあることがわかる。

では，わが国の輸入はどの項目の最終需要にどの程度誘発されて生じているのだろうか。これをさきほどの産業連関表を使って調べてみよう。消費，投資，政府支出，そして輸出のそれぞれが1億円増えると輸入がどの程度増えるかを見ると，消費は1210万円，政府支出は860万円，投資は1390万円である。そして，輸出は1370万円で，投資とほぼ同額の輸入を誘発している。

以上のように，わが国の輸出は，①恒常的に黒字となっており，②景気の牽引車としての役割を果たしており，さらに③投資需要と同様に輸入誘発効果が大きい。資源小国であることは，現在の貿易問題を考えるうえで本質的な問題ではない。むしろ，輸出中心の経済構造が形成されてきた点が重要だと言えるのである。

表 2-5  主要国・地域別製品輸入比率　　　　　　　　　　　　　　　　（単位：％）

| 年 | 世界 | 米国 | EU | アジアNIES | ASEAN 4 | 中国 |
|---|---|---|---|---|---|---|
| 1986 | 41.8 | 60.7 | 85.5 | 62.3 | 10.8 | 34.8 |
| 1987 | 44.1 | 56.1 | 85.7 | 66.2 | 13.6 | 39.7 |
| 1988 | 49.0 | 56.0 | 86.3 | 72.9 | 17.9 | 47.1 |
| 1989 | 50.3 | 58.3 | 86.1 | 75.5 | 23.0 | 51.5 |
| 1990 | 50.3 | 62.0 | 88.1 | 73.4 | 23.9 | 50.8 |
| 1991 | 50.8 | 63.4 | 86.4 | 73.9 | 28.4 | 58.1 |
| 1992 | 50.2 | 61.3 | 85.4 | 73.3 | 31.8 | 63.7 |
| 1993 | 52.0 | 61.8 | 85.1 | 74.2 | 36.8 | 69.1 |
| 1994 | 55.2 | 64.4 | 86.1 | 77.4 | 41.6 | 71.2 |
| 1995 | 59.1 | 66.4 | 87.4 | 80.3 | 47.6 | 77.3 |
| 1996 | 59.4 | 68.7 | 87.9 | 78.4 | 52.0 | 78.0 |
| 1997 | 59.3 | 71.2 | 86.6 | 82.2 | 54.0 | 78.7 |
| 1998 | 62.1 | 73.1 | 86.1 | 83.1 | 56.2 | 80.6 |
| 1999 | 62.4 | 72.7 | 85.9 | 82.7 | 59.6 | 81.7 |
| 2000 | 61.1 | 73.3 | 86.8 | 83.6 | 59.6 | 82.7 |

注：(1) アジア NIES は韓国・台湾・香港・シンガポール，ASEAN 4 はタイ・マレーシア・インドネシア・フィリピン。
　　(2) EU は15ヵ国ベース。
資料：財務省「貿易統計」よりジェトロ計量分析チーム作成。

図 2-5  主要国・地域別製品輸入比率

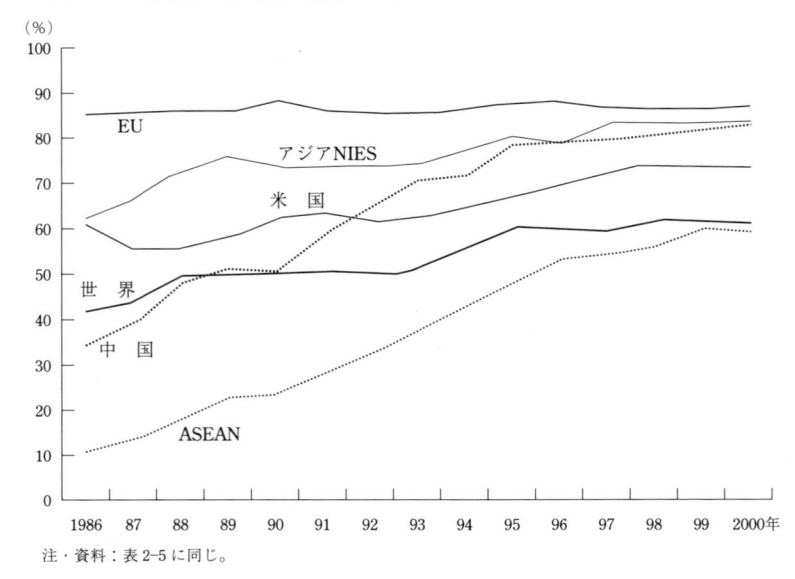

注・資料：表 2-5 に同じ。

## 2　貿易の利益と国際分業論

　貿易は当事国の双方に利益となる。したがって，貿易の利益を阻害する規制は撤廃すべきである。この論理が製造業だけでなく，農業，サービス等あらゆる分野で自由貿易を進める根拠として主張されている。これをどう考えればよいのだろうか。

### 1）　貿易の利益

　貿易が双方に利益であるというのは，次のように主張される。各国は労働や資本などの国内資源をさまざまな財貨の生産に用いている。各種財貨の生産には自然的・歴史的条件の差異から国によって有利不利の差がある。たとえば広大で肥沃な土地に恵まれた国は農産物生産に有利だし，資本蓄積の進んだ国は工業品生産に有利であろう。そのような有利不利がある場合，各国は必要なすべての財貨を網羅的に生産するのではなく，不利な分野から資本や労働を引き揚げ，有利な分野に特化するのが合理的である。有利な部門（比較優位部門）の財貨を輸出して，不利な部門（比較劣位部門）の財貨は輸入することによって，自国の生産資源を効率的に活用することができるからである。

　これが貿易の利益の基本的な考え方である。注意すべきことは，いかに発展段階の劣る国であっても必ず比較優位部門が存在し，したがって国際分業に参加するメリットがあることである。逆にいうと，工業品や農産物などあらゆる生産活動で高い技術力があり，絶対的に優位な立場にある国であっても必ず比較劣位部門が存在する。

　簡単な例で考えてみよう。いま，A国とB国の二つの国があるとする。A国ではコメ1キログラムが10時間の労働投入で生産でき，服1着は1時間で生産されるとしよう。他方，B国ではコメ1キログラムと服1着が30時間，2時間で生産される。

|   | コメ1キログラム | 衣服1着 |
|---|---|---|
| A国 | 10時間 | 1時間 |
| B国 | 30時間 | 2時間 |

　A国はB国に比べてコメの生産でも服の生産でも効率において勝っているか

第2章　グローバル化と国民生活　　73

ら，A国はB国に対して絶対優位にある。さて，A国とB国の間でコメ1キログラムが衣服12着と交換されるとしよう。また，議論を簡単にするために，両国で利用できる総労働量がいずれも3000時間であるとしよう。もし貿易がなければ，A国で生産可能なコメ X キログラムと衣服 Y 着は $10X+Y=3000$ を満たす X と Y である。たとえば，コメ270キログラムと服300着の組み合わせは生産可能である。しかし，ここでA国が比較優位のあるコメの生産に特化したとしよう。そうすれば300キログラムのコメを生産できる。そこで，300キログラムのうち30キログラムをB国に輸出すると，交換に360着（30×12）の衣服を輸入できる。貿易をしなければコメ270キログラムと服300着しか得られないのが，貿易によってコメ270キログラムと服360着が獲得できる。この服60着がA国の貿易の利益である。

　この貿易はB国でも有利だろうか。相手にも有利でなければ，この貿易は成立しない。B国で生産できるコメ X キログラムと服 Y 着は $30X+2Y=3000$ を満たす X と Y である。たとえばコメ24キログラムと服1140着の組み合わせはこの国で生産可能である。しかし，ここでB国も比較優位な服の生産に特化したとしよう。3000時間をすべて衣服の生産に投入して1500着を生産したとする。そのうち360着をA国に輸出すると，交換に30キログラム（360÷12）のコメを輸入できる。もし貿易をしなければ，コメ24キログラムと服1140着しか得られないB国が，A国との貿易によって，コメ30キログラムと服1140着が獲得できたのである。コメ6キログラムの貿易の利益がB国にも生じている。このように貿易は当事国の両方の経済厚生を高める。

　貿易の利益が生じる理由は生産条件の絶対的な有利不利にあるのではない。相対的な比較優位が問題である。いま，A国でコメ1キログラムを生産するために衣服生産がどれだけ犠牲になっているかを考えてみよう。コメ1キログラムが10時間，服1着が1時間で生産できるから，コメ1キログラムの生産は10着分の衣服を犠牲にしている。これをA国におけるコメ1キログラムの機会費用という。同様にB国では，コメ1キログラムの機会費用は服15着である。なぜなら，コメ1キログラムの生産に30時間かかるが，それだけの労働で服15着が生産できるからである。したがって，機会費用で測るとA国のコメ生産のコストはB国のコメ生産のコストよりも安い。まったく同じように考えると，A

国の服1着の機会費用はコメ10分の1キログラムで，B国の服1着の機会費用はコメ15分の1キログラムになる。服生産の機会費用はA国のほうがB国よりも高い。このようにいずれの生産でも絶対的優位にあるA国が，衣服の生産では比較劣位なのである。したがって，それぞれの国が比較優位の生産に特化して貿易をおこなえば，両方の国にとって有利になる。

以上がリカードに始まる比較生産費の原理であり，自由貿易の利益を明らかにしている。この議論のエッセンスは何だろうか。それは次の二つである。

(1) 生産要素（いまの例では労働）が両国で完全に利用されること
(2) 二つの財貨の交換比率（交易条件）が一定の大きさをとること

貿易の利益が期待できても，貿易の開始が生産要素の有効利用をもたらさない場合，たとえば深刻な失業問題を生むならば，貿易の利益は自明ではなくなる。また，上の例で貿易が有利であったのは，コメ1キログラムが衣服12着と交換されたからであった。交換比率がこのような適当な大きさをとる保証はあるのだろうか。

### 2) 貿易利益の限界

貿易利益の議論は単純明快であるが，これからはたして現実の自由貿易が双方にとって有利であると結論できるかとなると，事はそれほど単純ではない。貿易利益の前提となる条件が簡単には満たされないからである[10]。

まず，資本や労働といった生産要素は完全には利用されない。国際化との関係で特に問題になるのが労働と土地である。貿易の利益は，国民経済が比較劣位部門から比較優位部門にシフトすること，そのために資本や労働が部門間で移転することが前提となっている。ところが，生産要素の部門間，あるいは国際間移動はそれほど容易ではない。資本は移動できても，労働は生身の人間でありモノのようには動けない。土地となるとまったく移動は不可能である。生産要素の調整がスムーズにいかない場合，国民経済内部に有利な部分と不利な部分の格差が生じる。比較優位の恩恵を受ける企業や階層と，比較劣位の悪影響を受ける企業や階層の二極分化は，国民経済内部にさまざまな格差をもたら

---

10) 池本清「経済グローバリゼーションの新仮説」（本山美彦編『グローバリズムの衝撃』東洋経済新報社，2001年所収）では貿易の不利益が論じられている。

す。失業と過密・過疎の問題が戦後日本経済の発展過程で問題になり，多くの人はそれを経済発展にともなう過渡期の一時的な問題であると考えてきた。しかし，戦後50年以上経って，経済成長はこれらの問題を解決できないままに，結局，成長の限界にぶつかったのである。これは労働と土地の完全利用を前提にした調和的経済発展観に対する警告である。

　生産要素の産業間，国際間移動という構造調整にともなう費用はすべて私的に担うべきコストとみなしてよいのだろうか。成長が格差を解消できない以上，これは二重の意味で正当化されない。第1に，比較優位産業のシフトは経済発展に必然的にともなう現象である。どのように絶対優位な国であっても比較劣位部門を持つことからわかるように，必ず一定の比較劣位部門が発生する。必ず一定の敗者が出るような競争ゲームをつくっておいて，敗れた「責任」をすべて個人に課すのは公正ではない。ある産業構造を別の構造に変えることと，個人の犠牲を社会的に支えることを両立させなければならないし，またその力をわが国は持っているのである。競争ゲームの敗者を社会的敗者にする弱肉強食の市場ルールを緩和する役割が政府に求められる。第2に，構造変化のインセンティブとして敗者に自己責任を求めるにしても，経営の決定権を握る企業家の責任とその指揮のもとで働く労働者の責任は異なる。企業経営の責任は第一義的に経営者が担うべきである。

　次に，交易条件の問題に移ろう。貿易の利益が生じるためには，交易条件が適切な大きさをとることが必要である。上の例では，コメ1キログラムと服12着が国際市場で交換されると仮定したが，貿易の利益が生じるためには交換比率がA国のコメの機会費用10着とB国のコメの機会費用15着の間にあることが必要である。もし，コメ1キログラムが服18着と交換されるならば，B国は360着の服を輸出してコメ20キログラムしか輸入できない。これでは国内生産でまかなうほうが有利である。交換比率を必要な範囲内に押さえ込むメカニズムが存在するのだろうか。

　交換比率が上限を越えたり，下限を下回るのを抑制するメカニズムとして通常考えられているのが，為替レートの調整機能である。いま，A国の交易条件が非常に悪化して，たとえばA国のコメがごくわずかの衣服としか交換されないとしよう。A国の輸出は不利になり，逆に服を輸出するB国は有利になる。

さらに，もっと交易条件が悪化すると，A国は再び自国で服を生産してコメを国際市場で購入するほうが有利になる。国際市場では服の過剰生産，コメの過少生産が生じて，その結果，交易条件は適当な水準に回復すると期待されるのである。

ところが，このような調整作用がうまく機能しなくなってきている。一つは，短期資本の攪乱作用である。貿易決済に必要な金額と比較して，けた違いに大きな資金が為替市場で動いている。短期資金は通貨や債権も投機の対象にして，瞬時に世界を移動する。為替レートはこの投機活動の影響を受け，かならずしも貿易収支を調整するように機能しないのである。もう一つの要因は直接投資の拡大である。次にそれを考えよう。

### 3） 対外直接投資と調整メカニズムの攪乱

比較劣位産業から比較優位産業への産業構造のシフトがかならずしも順調に進まないこと，その結果，失業や倒産の痛みが特定の階層や企業に長期間集中することはすでに指摘した。この痛みは対外直接投資によって生産拠点が海外に移転されるようになると一層深刻になる。貿易の利益を考えるときには比較優位が問題になるが，グローバルな資本移動がおこなわれると比較優位・劣位ではなく，絶対的な有利・不利が再び重要になるからである。この点を上の例で見ておこう。

A国のコメ生産の利潤率はコメの販売価格と労働生産性（10時間で1キログラム），およびA国の賃金率に依存する。いま，世界貿易が進展して，コメが同一の世界価格で取引されるようになったとしよう。A国のコメ価格とB国のコメ価格が国際市場で等しくなると，両国のコメ生産の利潤率はそれぞれの国の労働生産性と賃金率の大きさで決まる。A国の労働生産性はB国に比べて3倍の高さであるが，もしB国の賃金率が低く，A国の3分の1以下であれば，B国に生産拠点を移すほうが有利になる。コメ生産はA国にとって比較優位で，同時に絶対優位でもあるが，国境を越えた企業展開をおこなう資本にとって重要なのは，技術的な比較優位でも絶対優位でもない。賃金率を考慮に入れた単位あたりコストの大小だけが問題になるのである。賃金格差が生産性格差を超えるほど大きければ，企業は生産拠点を低賃金の国に移す。現在，大規模に進んでいる国際化の中心問題の一つはこのような生産拠点の移転である。

外国（B国）の賃金が自国（A国）の有利な生産性格差をすべて帳消しにするほど低いとしよう。そのとき，両国の資本はすべてB国に移転する。もし労働力も資本と同じように国境を越えて移動すれば，労働者もB国に移り，B国は賑わいA国は無人の荒地となるかもしれない。国内の都市と農村で見られる過密過疎が世界規模で生じるのである。しかし労働はそんなに簡単に移れない。そのときに生じるのが産業空洞化である。

　では，このように極端な空洞化が起こらないようにする経済的なメカニズムが存在するのだろうか。存在する。それを順に見ていこう。

### 4）空洞化抑制の「メカニズム」

　極端な空洞化をもたらさない経済的メカニズムの第1は，外国移転が適当でない産業部門の存在である。医療・福祉・教育などの対人サービス，金融や情報などの対人・対企業サービス，そして生鮮食料品や卸小売業などいわゆる非貿易財と呼ばれる産業である。これらは外国の賃金が安いからといって簡単に生産拠点を移転するわけにはいかない。生産と消費が一体だからである。しかし，情報や生鮮食料品などに見られるように，近年の技術進歩によってこれらの分野もますます移転可能な経済活動に変わりつつある。

　空洞化を制約する第2の経済メカニズムは，賃金格差の縮小である。安い賃金国であるB国に世界の資本が集中し，賃金率は次第に上昇するであろう。逆に雇い手のいないA国では賃金引き下げの圧力がかかる。これが市場のルールである。しかし，これは長く厳しい空洞化を経て徐々に作用する格差解消のプロセスである。そして，先進国の労働者にとっては賃下げであり，決してハッピーなものではない。東南アジアには日本の50分の1，100分の1という低賃金で優秀な労働力が豊富に存在する。このように大きな賃金格差は次第に縮小するにしても相当の時間を要する長期のプロセスである。また，賃金格差は為替レートを通じても変化する。たとえ，自国通貨で測った賃金が変わらないとしても，低賃金国に資本が移動して，その国から輸出が増えると，通貨価値は上昇していく。その結果，たとえば国際通貨ドルで測った賃金格差は縮小する。賃金率と違い，為替レートは短期間に激しく変動する。20％，30％の為替レートの激変はそれほど稀なことではない。しかし，低賃金・開発途上国の通貨がドルや円に対して50倍，100倍も増価するには，やはり長期を要するのである。

日本円の対ドルレートは1971年以来1ドル360円から現在の120円まで上昇したが，30年間に3倍の増価である。こう考えると，為替レートの変動を考慮しても，格差はそれほど容易に縮小するとは考えられない。その間，空洞化は労働者の職場を奪い，賃金切り下げが続くのである。

　空洞化を制約する第3の，そして最も重要なファクターは，国家の政策的介入である。国は民間企業にはない権限を持つ。徴税権，通貨発行権，法的規制による強制力などである。多国籍企業の利潤追求行動が国民経済に被害をもたらす場合，これを規制して被害を補償させる強制力を行使できるのは国家である。国の役割は重要である。

　これまでも国はさまざまな形で企業活動に介入してきた。労働時間の制限，危険労働の禁止，女性や児童労働の規制，人権擁護等々。これは労働者の要求に押されながらではあるが，労働者の人権と生活条件を守るためには国による適切なルール化が必要だったからである。資本制企業は利潤の追求を目的とするが，利潤のためなら何をやろうとも許されるわけではない。労働者の人権擁護，雇用の確保，健全な地域社会の形成など，企業が果たすべき社会的責任は大きい。また，納税者である国民はそれを要求する権利がある。立地から港湾，鉄道，工業用水，運輸手段にいたるまで国や自治体の公費によって支えられ，多数の労働者の雇用によって企業活動が成り立っていることを考えると当然である。

　しかし，企業は市場競争の推進者であると同時に，市場競争の強制力を受ける存在でもある。特に弱小企業は，親企業の圧力に押されて，生死をかけた海外展開に打って出ることを強制されることもある。また，大多数の中小企業にとって，市場競争は外圧であり，生死をかけた対応を迫られる。競争環境のなかで企業の善意に期待して雇用を確保することはむずかしい。だからこそ，国家によるルール化が必要なのである。企業家の人格的善し悪しの問題ではなく，資本制経済システム自体が問題である。競争メカニズムの非人間的側面を緩和し，生活権や労働権を確保する責務が国家にはあるのである。

　歴史的に見ても，国家が経済活動の一般的な枠組みを整備してきた。これは，労働者や市民の側の要求を無視できなかったこととあわせて，社会的総資本の立場から個々の企業の行き過ぎを是正することが求められたからでもある。こ

れを一歩進めてグローバリゼーションに対しても国民的視点から企業の社会的責任を果たさせることが必要である。

## 3　グローバル化の世界的背景

現在のグローバリゼーションは世界全体で進行している。グローバル化が世界的現象になった背景として，次の四つの要因がよく指摘される。
(1)　ソ連・東欧経済の崩壊による資本主義的市場化の波
(2)　従来型経済政策の行き詰まりによる自由化と規制緩和の波
(3)　情報通信技術（IT）を軸とする技術革新の波
(4)　米国多国籍企業を中心とする市場分割競争の波

これらはいずれもグローバル化が急速に進展する条件となっている。1989年に始まるソ連・東欧経済の崩壊によって，世界にはアメリカ資本による一国支配状況がつくり出された。資本主義的市場をソ連・東欧に一挙に拡大する可能性が広がったのである。この流れは政治的には地域紛争や国際テロの抑止を，経済的には市場主義，グローバリゼーションの推進をスローガンに世界中を巻き込むことになった。

1980年代に登場する市場原理主義は従来のケインズ的な経済思想の影響力を弱めるねらいを持っていた。国家が雇用や社会福祉に責任を負うシステムは労働者の甘えを生み，経済活力を損なう。もっと市場の評価を重視すべきである。この考えは企業活動の自由放任に対する国家規制を弱めて，自由に利潤を追求する「より身軽で強気な経営」をめざす多国籍企業の利益に沿うものであった。

さらに，急速に進む情報技術はグローバル化に有利な条件となった。新しい商品が開発され，大量の情報がネット上を飛び交い，企業と顧客がネットを通して結びつく新しい市場が広がった。

このような変化を受けて，多国籍企業といわれる世界の大企業は新たな市場獲得競争に乗り出している。なかでも最も有力なのが米国系の多国籍企業である。

### 1)　世界経済の構造変化：高度成長から低成長へ

グローバル化推進の最も根本的な要因は，高度成長から低成長への世界経済の構造変化である。

世界経済の成長率は1970年代を境に大きく低下した。1980年代以降も成長率の低下は続き，世界全体では1980年代の年率3.4％から1990年代は2.5％へ，わが国の場合は4.0％から1.3％へ低下を続けている。資本制経済において経済成長率は企業がおこなう設備投資の伸び率（資本蓄積率）と密接な関係を持つ。企業の資本蓄積率が高ければ経済成長率も高く，逆に資本蓄積率が下がると経済成長率も低下する。そして，この資本蓄積率と一国経済全体の利潤率の間には次のような関係がある[11]。

　　税引き後利潤率＝資本蓄積率＋財政赤字率＋貿易黒字率　　　　　（＊）

　（＊）式は税引き後利潤率を決める三つの要因を示している。企業の投資活動が盛んで，資本蓄積率が高ければ，利潤率は高い。ちょうど高度成長期の状態である。蓄積率がダウンすると，何もしなければ利潤率は下がってしまう。高度成長から低成長へという構造変化を受けて，利潤率の低下をどう打開するのか，これが1980年代に世界資本主義諸国が直面した大問題であった。

　これに対してまず先進主要国は，需要面で対応した。需要が低下しているから売り上げが低下し，利潤率が下がっている。民間需要の低下を押しとどめるために，政府自ら財政あるいは金融的手段を動員して支出を増やすべきである。いわゆるケインズ型有効需要政策である。低成長によって税収が落ち込む状況でも，国債発行による赤字財政支出に踏み切って，景気てこ入れをすべきであることが合意された。もう一つの対策は，外国への輸出である。自国だけでは不足する需要を外国から取り込む，そのために自国の生産性を高めて対外競争力を強化する。輸入を上回る輸出をおこなって，自国の高利潤を維持しようとする政策である。こうして赤字財政と対外貿易黒字の二つは1980年代の基本的な流れとなった。わが国はこれに一定の成功を収めた。

　積極的財政政策は世界全体が1930年代のような大恐慌に落ち込むのを回避する役割を果たした。しかし，これは長続きしなかった。政府赤字は国内に十分貯蓄があれば家計部門が政府部門の赤字を吸収することができるが，所得水準

---

11）（＊）式を軸に置いた戦後日本経済の詳しい分析は，置塩信雄『現代資本主義分析の課題』（岩波書店，1980年），菊本義治『資本主義の矛盾』（岩波書店，1981年）でおこなわれている。

が低い途上国や貯蓄率の低い先進国の場合，財政赤字の累積は外国資本の流入に頼らざるをえない。その結果，為替変動や投機の影響を受け，国民経済は不安定になる。また，後に詳しく述べるが，低成長下で企業行動が輸出や外国への直接投資など対外展開に向かっているとき，従来型の有効需要政策をおこなってもその効果は弱くなる。政策効果が弱まると，政府が積極的に行動すればするほど，財政状況は悪化する。財政赤字の累積は民間経済が財政支出の誘導に敏感に反応しなくなった構造変化の結果である。

もう一つの輸出についてはどうか。わが国の場合，外国への輸出に成功することで国内経済の低迷は緩和された。急速に円高が進行したにもかかわらずこれが可能だったのは，技術開発と労働強化の両方が諸外国に比べて著しく強化されたからである。しかし，まもなくこれも諸外国から批判される。相互依存の国際関係のなかでは，一国だけが輸出で一人勝ちを続けるのは困難であることを思い知らされるのである。

以上の経緯は，上の（＊）式に戻って考えると，「資本蓄積率」の低下を「財政赤字率」でカバーし，「財政赤字率」の限界を「貿易黒字率」でカバーしてきたことを意味している。こうしてわが国は，低成長下でも利潤率を維持することに一定の成功を収めることができたが，結局は他国と同様に行き詰まった。財政赤字の深刻化と対外貿易摩擦の激化は，それ以上の需要拡大路線を許さなかったのである。有効需要政策が手詰まり状況に陥って，いわば万策尽きて出てきたのが，新自由主義的「構造改革」である。小泉構造改革もそのひとつである。

### 2） 新自由主義的「小泉構造改革」

需要面の対策が行き詰まった結果，登場したのが新自由主義的構造改革である。低成長経済のもとでは，生産構造をそのままにして需要のみ追加してもうまくいかない。企業や労働者など生産側の諸問題にメスを入れなければならない。これが，新自由主義と言われるのは，国による規制を撤廃して市場の淘汰作用に最大の役割を果たさせようとする古典的自由主義のイデオロギーの再来だからである。新自由主義が考える日本経済危機の原因は次のようなものである。

（1） 国際競争力の低下

(2) 低生産性部門を温存する規制の存在
(3) 競争原理を欠いた温情主義

　これらをあらためる以外にわが国が低成長のもとで生き延びる道はない，というのが「構造改革論者」の主張である。国際競争力を強化し，低生産性部門は切り捨て，温情主義を廃することは，旧社会に慣れ親しんできた諸階層には痛みをもたらす。しかし，それは産みの苦しみであり必要なことである，というのが「小泉構造改革」のメッセージである。国民は当初熱狂的にこれを受け入れた。この熱狂現象は一見奇妙ではあるが，理由のないことではない。奇妙と言うのは，「構造改革」として具体的におこなわれることは，不況に苦しむ中小企業を不良債権処理の名のもとに淘汰し，財政赤字を解消するために教育・医療・福祉・介護等への支出をカットし，消費税の増税をはかること，また，対外競争力を高めるために企業がおこなうリストラと海外進出を無条件に受け入れ，逆にこれを支援する非常に痛みの大きい「改革」だったからである。しかし，国民が熱狂したことに根拠があるというのは次のことである。国民は，古い利権政治，政官財の癒着，国民生活を顧みない冷たい官僚行政に不満をつのらせている。「変人内閣」はこれを変えてくれるのではないかという期待を持って「構造改革」を支持したと思われるからである。

　問題は，日本経済の危機が上のような要因によって生じているという「構造改革論者」の処方箋が正しいかどうかである。

　わが国の国際競争力が低いことが現在の危機をもたらしているのだろうか。逆である。すでに見たように1970年から円は3倍にも増価した。それにもかかわらず輸出は拡大し，実質で5.7倍も増えている。その結果が133兆円という世界一の対外債権国家日本をもたらしたのである。対外競争力が高いにもかかわらず，国民生活が安定しないという「構造」のほうが問題なのである。

　わが国の規制はそんなに厳しいのだろうか。1960年当時のわが国の食糧自給率はカロリーベースで79％，穀物自給率は82％であった。現在はカロリーベースで39％，穀物自給率は22％である[12]。40年間でそれぞれ40ポイント，60ポイントも減少している。人口1億人以上の10ヵ国でわが国の自給率は最下位で

---

12) 1998年，国連食糧農業機関（FAO）集計。

あり，わが国の次に低いロシアは76％，ブラジルは77％である。FAO（国連食糧農業機関）の推計によると，日本の穀物自給率は世界178ヵ国のうちで136番目であり，日本より自給率の低い国は砂漠，ツンドラ地帯，熱帯雨林等気象条件が厳しく農産物の生育に適さない国々である。このような惨憺たる状態が規制の厳しい国で起こるだろうか。

　わが国は，競争原理を欠いた温情主義だろうか。高級官僚の天下りと退職金渡り取りを見るとそういう気もする。30年，50年前に計画された公共事業がどんなに環境が変わり，どんなに財政赤字が深刻になっても継続されるのを見ると，特定業界に対する「情の厚さ」を感じる[13]。しかし，労働者や多くの高齢者，大多数の企業，特に中小零細企業に対しては温情主義はない。彼らは厳しい競争のなかで生き延びようとしているのである。

　誤った処方箋による構造改革は危機をさらに深める。

3）　逃がした構造改革

　需要面を中心にした政策が失敗して，新自由主義的構造改革が登場したと述べた。では，需要面を中心とした政策はどうしても失敗せざるをえなかったのだろうか。世界経済の成長率低下という条件のもとでは，そもそも一国内でケインズ政策をおこなうことは無意味なのだろうか。

　そうではない。この点を明らかにするためには，ケインズが重視しなかった需要の中身を問題にする必要がある。ケインズの場合は財サービスに対する需要でありさえすれば，それが消費需要であっても投資需要であっても構わなかった。いずれの場合も有効需要であり，商品に対する需要不足の解決になる。しかし，成長率の低下という構造変化のなかで，長期的に生産や雇用を維持していくためには，有効需要の中身がなんであってもよいということにはならない。外国輸出の増大，生産能力の拡大を自己増殖的にビルトインした成長型の需要の場合は，これを長期的に維持することはむずかしい。年々，需要が増大していくことが前提になっているからである。財政支出の内容も，輸出指向型あるいは生産能力拡大型の財政支出は一時的には市場問題の解決になっても，

---

13）　諫早湾干拓事業は50年前の計画，川辺川ダムは30年前の計画である。水野勝之『どうなってるの日本経済』（中央経済社，2001年）第8章。

結局は需要が追いつかず，無駄な公共事業に終わらざるをえないのである。高度成長期に有効であったものが低成長期には無駄になる。対外競争強化のための産業インフラ，高速道路網，新企画港湾の整備，需要条件を無視したダムや干拓事業計画の推進，地方空港の建設などいわゆる箱もの大型公共事業が，1980年代以降も継続されたのである。10年間に630兆円という公共事業が対米公約として上から推し進められたことも，これを後押しした。多くの事業が完成の目途が立たずに中途で挫折し，中断し放置された。事業が終了しても，当初の計画を大きく下回る需要に，赤字が累積した。たとえば，地方空港の場合，現実の需要は予測をはるかに下回り，予測の3割あるいは1割程度の乗客という，惨憺たる状態となっている。悪かったのは需要対応ではなく，対応する需要の中身である。このような需要の構造変化を誘導する構造改革がおこなわれなかったことが問題である。ではどのような構造改革が必要か，次節でそれを考えよう。

## 第3節　グローバリゼーションと日本経済の方向

　グローバル化は抗しがたい勢いで進行している。多国籍企業の行動に対して，いま各国で金融的攪乱，国内雇用の悪化，所得分配格差の拡大など多くの問題が指摘されている。経済活動の国際展開は，これまで，分業の拡大や技術の伝播など国民経済に積極的な役割を果たしてきたことは事実である。しかし，他方でマイナスの影響も目立ちはじめている。では，これからも進展するであろう経済活動のグローバル化に対して，わが国はどのように考えればよいのだろうか。

　21世紀経済が実現すべき課題として，雇用と生活の安心と安定，環境と調和できる持続可能な経済システムの実現の二つが重要である点については，ほぼ共通の理解があると言えるであろう。現在のグローバリゼーションの評価，そしてあるべきグローバル化の方向を考える場合も，それがこのような国民的・国際的課題と整合的かどうかが重要な判断基準である。

　前節でグローバル化推進論を検討したとき，わが国経済は高い成長率に依存した経済システムから，それに依存しないシステムに，言い換えると低成長下

でも持続可能な経済システムに構造を切り替えることを怠ってきた点に問題があると述べた。本節ではその中身について，さまざまな角度から検討する。そのために，まずグローバル化の問題点を整理することから始めよう。

## 1　グローバル化の問題点

現在のグローバル化は米系多国籍企業中心の世界化という性格を持つ。グローバル・スタンダードとは各国の垣根を取り払い，米系資本が自由に活躍できる場を確保するための条件整備である。急激に進展する「PC革命」にしても，マイクロソフト社のウィンドウ標準の世界化であり，アメリカの一民間企業のOS上で世界中の情報がやり取りされる事態が進むことである。農産物の自由化交渉にしても米国産農産物の対日輸出の拡大である。フェアな競争というスローガンは，現在の国際社会では，最強国である米国の支配強化という意味を持たざるをえない。

### 1）経済格差

次のような意見がある。わが国は世界のトップとは言えないまでも相対的な技術力において高い水準にある。世界全体が互いに垣根を撤廃することはアメリカに最も有利であるとしても，少なくともわが国にとってもマイナスよりもプラスが大きいのではないか。いわば「グローバル化国益論」である。

この見解は分配格差を見ない謬論である。グローバル化の利益は国民全体に平等に配分されるわけではない。また，格差を解消する政府の働きが万全というわけでもない。利益が帰属するのは，主として海外に展開する多国籍企業である。労働者には，国内生産を切り詰めるためのリストラが，それを避けようとすれば賃下げや労働条件切り下げの受け入れが強要される。多国籍企業の利益が国内のリストラによって生じた失業や不安定雇用など労働者の痛みを償ってくれるわけではないのである。

グローバル化によって国内格差が拡大していることは多くの国で指摘されている。OECD諸国の報告によると，熟練・高学歴労働と未熟練・ブルーカラー労働の間の所得格差が拡大している[14]。その原因は，世界的な交易の拡大とその変化に国内調整が追いつかないことである。熟練労働に比較優位を持つ先進諸国はハイテク商品を輸出し，ロウテク商品は賃金の安い途上国から輸入

する。途上国の未熟練労働は比較優位にあり、ロウテク商品を先進国に輸出するが、逆にこれと競争させられる先進諸国の未熟練労働者は所得が減少し、職を失う。このような変化に産業調整が追いつかない。これが多くの先進国で指摘されている現実なのである。完全で順調な産業構造調整、すみやかな完全雇用の実現、政府の所得再分配による格差是正、これらの非現実的想定に全幅の信頼を置いたグローバル化推進論はほとんど児戯に等しい空論である。

多国籍企業が潤えばいずれは国民生活にその果実がもたらされる、と期待できるだろうか。実は、この論理は大企業中心の景気対策を支持する議論としてこれまで長く用いられてきた「滴り落ちる経済（trickle-down economy）」の考え方である。経済全体の雇用の7割以上は中小企業である。彼らは大企業の下請け、孫請けとして大企業を頂点とするピラミッドに組み込まれている。したがって、中小企業の経営を改善するには、まず大企業に需要を注入して、大企業から元気になってもらう必要がある。それが結局は中小企業に「滴り落ちる」のだ、という議論である。このような議論は、多額の公共事業費が注入されたにもかかわらず、1990年代不況が一向に改善しなかったことにその誤りが現れている。大企業が海外に生産拠点を移せば、うまみが滴り落ちることはますます期待できない。海外に展開できる大企業と、そのような力を持たず、逆に海外からの逆輸入との競争を迫られる中小企業との格差が拡大していく。

### 2）黒字累積の問題性

日本の貿易黒字は1980年代以降定着し、その額は年々膨らんでいる。黒字であることは喜ぶべきことで、なんら問題はないと言えるだろうか。黒字とは、自国の労働成果が自国民だけでなく、外国人によっても利用されていることを意味する。逆に、赤字は国内の労働生産物だけでは自国民の必要を満たすのに不足して、外国人の労働生産物を輸入することである。永遠に赤字を続けることがもし可能であれば、国民便益的に言えば、これほど楽なことはない。外国のためにあくせく働いて、「黒字だ、黒字だ」と喜んでいる姿は、実は非常に奇妙だとも言えるのである。

---

14） 1997年パリで開かれた Meeting of the Employment, Labour and Social Affairs Committee の報告書 OECD, *Labour Market Policies: New Challenges, Policies for Low-Paid Workers and Unskilled Job Seekers.*

表 2-6　主要国の対外資産・負債残高　　　　　　　　　　　　　　　　（単位：10億円）

|  |  | 対外資産 | 対外負債 | 対外純資産 | 対名目 GDP 比 |
|---|---|---|---|---|---|
| 日　本 | 2000年末 | 346,099 | 213,052 | 133,047 | 26.0% |
|  | 1999年末 | 307,989 | 223,254 | 84,735 | 16.5% |
| スイス | 1999年末 | 125,992 | 90,481 | 35,511 | 142.9% |
| ドイツ | 1999年末 | 242,173 | 232,059 | 10,114 | 5.0% |
| イタリア | 1999年末 | 110,430 | 104,955 | 5,475 | 4.9% |
| フランス | 1999年末 | 175,098 | 178,985 | △3,887 | △2.8% |
| カナダ | 2000年末 | 59,686 | 78,353 | △18,668 | △23.5% |
| 英　国 | 2000年末 | 500,234 | 521,355 | △21,121 | △13.2% |
| 米　国 | 1999年末 | 733,123 | 883,732 | △150,609 | △15.8% |

注：円建ての各国計数の算出にあたっては年末の為替レートで換算。
資料：米国，英国，ドイツ，イタリア，フランスは IMF, *International Financial Statistics*, カナダは Statistics Canada, *Canada's International Investment Position*, スイスは Swiss National Bank, *Statistisches Monatsheft*.
出典：日本銀行国際局「2000年末の本邦対外資産負債残高」2001年6月。

表 2-7　対外資産・負債残高の内訳　　　　　　　　　　　　　　　　（単位：兆円）

|  | 資　産 |  | 負　債 |  | 純資産 |  |
|---|---|---|---|---|---|---|
|  |  | 前年差 |  | 前年差 |  | 前年差 |
| 合　計 | 346.1 | +38.1 | 213.1 | △10.2 | 133.0 | +48.3 |
| 直接投資 | 32.0 | +6.6 | 5.8 | +1.1 | 26.2 | +5.5 |
| 証券投資 | 143.4 | +16.0 | 100.5 | △18.9 | 42.9 | +34.9 |
| うち株式 | 30.1 | +1.0 | 64.2 | △21.0 | △34.0 | +22.0 |
| 中長期債 | 105.0 | +13.3 | 30.6 | +2.9 | 74.4 | +10.4 |
| 短期債 | 7.9 | +1.8 | 5.4 | △0.9 | 2.5 | +2.7 |
| その他投資 | 129.2 | +3.5 | 106.7 | +7.6 | 22.5 | △4.2 |
| うち貸付・借入 | 86.5 | △2.3 | 82.5 | +1.8 | 4.0 | △4.1 |
| 外貨準備 | 41.5 | +12.1 | — | — | 41.5 | +12.1 |

出典：表 2-6 に同じ。

　その奇妙さのかたまりが対外債権である。表2-6は主要国の対外純資産・負債残高を示したものである。わが国の対外純債権は1985年末にイギリスを抜いて世界一となった。2000年末時点で資産が346兆円で負債が213兆円，差し引き133兆円の純資産国となっている。2位のスイスは35兆円（1999年末），ドイツ10兆円（1999年末），イタリア5兆円（1999年末）であることを考えると，わが国の黒字がいかに群を抜いているかがわかる。債権国の裏には債務国がある。最大の債務国は米国である。1999年末時点で151兆円の純負債である。2位の

英国が21兆円（2000年末），3位がカナダ19兆円（2000年末）で，米国の突出ぶりがわかる（「2000年末の本邦対外資産負債残高」日本銀行国際局，2001年6月21日より）。いわば，日本の資産が米国の負債を支えているのである。

わが国の対外債権の内訳を2000年末時点で見たのが表2-7である。資産346兆円のうち証券投資が4割以上の143兆円，直接投資が32兆円，その他貸付等が129兆円，外貨準備が42兆円となっている。これを地域別に見ると表2-8のようになっている。証券投資の近年の特徴としては米国（34.5％，49兆円），西欧（42.8％，61兆円）向けが増大して，アジアのウェイトは低下（2％，2.9兆円）しており，いまだアジア通貨危機の影響から回復していない。これに対して，直接投資では総額32兆円の約半分は米国（47.5％，15兆円）向けであり，西欧は20.3％の6.5兆円，アジアは17.7％の5.7兆円，中南米が7.5％，2.4兆円である。

表2-8 わが国投資家の地域・商品別ポートフォリオ構成（2000年末）
（単位：億円，％）

|  | 残高 | ウェイト |
|---|---|---|
| 総　計 | 1,430,398 | 100.0 |
| 株　式 | 301,301 | 21.1 |
| 中長期債 | 1,050,132 | 73.4 |
| 短期債 | 78,965 | 5.5 |
| アジア | 28,765 | 2.0 |
| 株　式 | 9,700 | 0.7 |
| 中長期債 | 18,675 | 1.3 |
| 短期債 | 390 | 0.0 |
| 米　国 | 493,102 | 34.5 |
| 株　式 | 154,084 | 10.8 |
| 中長期債 | 326,622 | 22.8 |
| 短期債 | 12,396 | 0.9 |
| 西　欧 | 612,271 | 42.8 |
| 株　式 | 115,959 | 8.1 |
| 中長期債 | 447,473 | 31.3 |
| 短期債 | 48,839 | 3.4 |
| 中南米 | 186,885 | 13.1 |
| 株　式 | 12,619 | 0.9 |
| 中長期債 | 159,474 | 11.1 |
| 短期債 | 14,792 | 1.0 |

注：対象は，株，中長期債，短期債。金融派生商品は含まない。
出典：表2-6に同じ。

このように対外債権の多くはわが国の米国や西欧に対する株式や中長期債，あるいは米国に対する直接投資となっている。米国の株価の動向や為替レートの変動がわが国の対外資産収益の増減に直結しており，日米の利益共同体的な構造が資産保有を通じても形成されているのである。一国の資産がこのように特定国の経済のあり方，為替レートに依存する形で固定されているのは決して望ましいことではない。

わが国の対外資産はもとはといえば国民貯蓄が原資である。国民は将来の病気や老後の生活に備えて消費を切り詰め貯蓄に回したのである。国民が必要を

感じて残し，したがって将来確実に活用しなければならない資産が投機的な変動にさらされていることは好ましくない。戦後わが国は対外債権をドルの形態で保有してきたが，円高によってどれほど損失をこうむったかを思い起こす必要がある。

わが国が世界の金融市場で債権国であること，特に米国に対して債権国であることは，わが国の世界経済への影響力を客観的に示している。通常，債権者は債務者に対して強い影響力を行使しうる。しかし，日米関係は金融以外に，貿易や技術，エネルギー，そして軍事など多くの側面を持っており，日本は全体として米国に対して強く従属的である。しかし，金融的に，わが国が米国を支える立場にあることは重要な意味を持つ。すなわちアメリカにつき従った多国籍企業化の方向ではなく，もし国民生活重視の福祉型経済の方向へ舵取りを切り替えた場合，金融面で外国から制約を受けることは少ないという意味で，有利な条件が存在するのである。この点は，多くの途上国が，巨額の対外債務を抱えながら危機に直面し，その結果危機からの回復が困難に陥っているのと対照的である。

そもそも，世界に突出する巨額の貯蓄を残すほどわが国の国民生活は充足されているのだろうか。たしかに生活は豊かになったが，有り余っているわけではない。いつリストラにあうかわからない不安，老後の生活の不安，社会保障の切り下げによる不安。現代の日本人はかつてない不安感のなかで，消費を切り詰め貯蓄に励んでいる。それが133兆円の純資産である。

こう考えると，対米黒字の累積は，わが国が成長して債権国になったという「強さ」の現れであるが，同時に，わが国の構造的な「弱さ」を表現しているとも言えるのである。

### 3) 輸出競争力と円高構造

貿易黒字は円高をもたらす。円高は輸出競争力を低下させ，輸入を拡大する。これを乗り越えるために，いっそう技術革新と労働強化に励み，輸出を拡大してきたのが日本である。すでに述べたように，30年間に円が3倍に増価したにもかかわらず，輸出は実質5倍も拡大した。円高にもかかわらず輸出が拡大し，輸出が拡大するから円がさらに高くなってきたのである。

円レートの上昇は日本経済の強さの現れであると言われるが，正確には日本

の輸出産業の強さである。日本企業の一部の強さが為替レートに反映されていることに注意すべきである。

　円の増価によって最先端ではない多くの日本の産業は輸出競争力を失い，外国からの安価な輸入品が大量に流入する。輸出拡大がわが国の優先目標であるとすれば，なにより自由貿易を旗印にして輸入国側の規制撤廃を主張しなければならない。輸入国の規制撤廃を求めるのであれば，自国についても輸入規制を撤廃しなければ一貫性を欠く。GATT，それを引き継いだWTOは規制の廃止と自由貿易を世界的に実現する枠組みである。これは，世界市場のブロック化が国際摩擦を激化させ第二次世界大戦につながったという反省に立ってつくられた。それが戦後世界経済の発展に果たした役割は大きかった。しかし，低成長に構造転換したいま，グローバルな輸出拡大や資本進出によって利益を得るのは一握りの多国籍企業である。その結果，国民経済の自立性が弱められようとしている。

　農産物はその典型である。アメリカは1980年代からわが国の農産物市場を開放するように要求を強めてきた。その背景には，1970年代以降の過剰生産で，世界の農産物供給国，米国とカナダの競争が激しくなっていたことがある。米国は日本の農産物輸入制限を撤廃するようGATT提訴をおこない，GATTは1988年に日本に対して自由化勧告をおこなう。そして，わが国は米国との2国間交渉を余儀なくされ，ついに自由化を受け入れることになったのである。牛肉・オレンジ交渉も米国主導で解決した。

　『世界人口白書』によると世界の人口は現在約60億人，開発途上国を中心に毎年7700万人ずつ増え続けている。2050年には93億人になる見通しという。人口増加にともない，世界の消費支出総額は1970年の10.2兆ドルから1995年の21.7兆ドルへと倍増し，水不足，水質汚染，食糧不足など環境悪化が進んでいる。食糧不足が予想されるなかで，国内に生産能力があるにもかかわらず，減反政策を実施して，外国からコメを購入するというのは，どう考えても説明がつかない。米国の要求を断れないのは，わが国が輸出主導のグローバル戦略をとっているからである。輸出主導のグローバル戦略がバランスある国民経済を破壊している。

　前節で比較生産費の原理を検討したとき，触れなかった重要な論点がもう一

つある。それは一国の豊かさは財貨の消費量で測られるという暗黙の前提である。ここで触れたいのは，生産活動が持つ外部効果である。経済外部性というのは，経済活動が市場取引に参加する当事者以外にプラスやマイナスの影響を及ぼし，それに対して（正の影響の場合）支払いや（負の影響の場合）補償がなされないことを言う。公害はマイナスの外部性の典型である。さて，農業を考えよう。農業は食糧という商品を生産し，市場で売買される。しかし，農業の意義はそれにとどまらない。豊かな住環境の形成，$CO_2$の浄化，保水による国土維持，災害の防止，そして自然に親しむ潤いある生活の場として多くの人々の生活になくてはならない存在として，農業と農村地帯は重要な空間を提供している。正の外部性は，適当な政府の保護がなければ，市場メカニズムだけではそれを維持することは困難になる。農産物生産を価格差という「効率」のみを重視して輸入に切り替えようとするわが国の農業政策は，実は幅広いプラスの外部性を考慮に入れない誤りである。世界人口が増える21世紀を展望するとき，農林漁業の本格的な再生はわが国の国際的な責務とも言えるのである。

　近年，貿易黒字が減少している。逆輸入の増大が原因である。それにともなって円も減価傾向にある。今後，グローバル化によって海外進出と逆輸入が進めば，これまで日本の特徴であった貿易黒字と円高傾向は緩和されるかもしれない。かつてアメリカは貿易赤字，ドル安，そして財政赤字に見舞われ，レーガンの新保守主義の台頭を許した。わが国もアメリカの後を追うのだろうか。

　わが国がアメリカと大きく異なるのは，円が国際通貨ではないことである。円の信頼はドルとは比較にならない。基軸通貨国でないわが国の場合，貿易赤字と円安の進行を円通貨の散布（無制限の対外依存）で凌ぐわけにはいかない。厳しいデフレ政策を余儀なくされるのである。

### 4） 国内政策への影響

　国際化は国内でおこなわれる政策効果を弱める。いわゆるケインズ政策は，閉鎖経済においては，財政政策，金融政策ともに国内の生産と雇用を刺激する。しかし，国際化が進むと政策効果は弱まったり，無効になるのである。

　財政政策を考えよう。財政支出の増大はさまざまな部門に波及し，最終的には当初の財政支出額を上回る生産増をもたらす。ところが，グローバル化が進むと国内需要の一部は海外からの輸入品によってまかなわれて，国内企業の生

産や雇用につながらない。いわゆる乗数効果が弱くなるのである。またある国の財政需要によって金利が上昇すると，高い金利に導かれて海外から資金が流入する。その結果，為替レートは上昇し，これがまたその国の貿易に悪影響を与える。こうしてグローバル化のもとでは一国の財政政策の効果は弱まる。

　金融政策はどうか。マンデル・フレミングは大国アメリカに隣接するカナダ経済を念頭において，金融政策はまったく効果を持たないことを主張した。話はこうである。中央銀行が貨幣供給を増大して金利を下げ，景気を刺激しようとしたとする。閉鎖経済では金利の低下は民間の資金需要を活発にして需要を刺激する効果がある。しかし，資金移動が完全に自由化され，高い金利を求めて国際資金が世界中を移動すれば，金利が下がった国から資金は流出する。その結果，国内の金利を引き下げようとする金融政策は効果を失うことになる。わが国もカナダもそれほど弱小な国とはいえないが，世界に依存する巨大な金融市場のもとでは，国内の金融政策の有効性は制限されるのである。

　さらに重大な不安定要因がある。短期資金による経済攪乱である。1998年のアジア通貨危機，ロシア経済危機が示したように，国際的な短期資金は，各国通貨を投機の対象とする。たとえば，アジア通貨危機の場合，1997年7月に始まるタイ・バーツの切り下げに端を発し，インドネシア・ルピア，マレーシア・リンギ，韓国・ウォンへと次々に波及した。この為替投機の犯人として共通して指摘されるのが海外の短期資本である。当時，タイでは地価や株価が上昇しすでにバブル状況が生じていた。他方で，ドルに固定されたバーツは割高となり，貿易は悪化を続けていた。バーツの弱化と将来の切り下げを見越して国際投機筋が売りを仕掛けたのである。この通貨危機は，IMFの資金援助で収束するが，その際に財政赤字の縮小，規制緩和など多くの条件が課せられた。世界を動く巨額の短期資金は一国全体を飲み込んでしまうことが明らかになったのである。これ以後，投機資金の動きを国際的に規制する必要性が論じられるようになっている。

## 2　グローバル化と国民の選択

　グローバル化が国民経済の不安定性や雇用不安を引き起こさないようにするためには，グローバル化を国民経済を守る観点から監視し，一定のルールを設

定する必要がある。その際に考えるべきことは以下の諸点である。

第1は，企業が国内雇用や労働条件，地域経済の維持・発展に社会的責任を果たすべきこと，特に解雇については労働者と地域経済を守る観点から慎重なルール化を求めること。第2に，食糧自給率の上昇，食糧の安全性の確保，地域経済の活性化，過密過疎の解消に向けて，政府や自治体がとるべき責任を果たしていくこと。第3に，無駄を省き，必要な生活関連の公共事業と社会福祉型の地域雇用を行政と企業と地域の協力でつくり上げること。第4に，そのうえで，アジアの発展途上国の経済開発，社会開発を支援するために，資金や技術協力や教育等の人的協力などを，当事国との協議のもとで積極的に推進することである。詳しくは，他の諸章で展開されるので，いくつかの論点について触れることにしよう。

1） 雇用の安定

現在のグローバル化は国内雇用の不安定化を生み出している。むしろ国内の雇用，労働条件を流動化し，切り下げることが企業戦略とされている。

これに対して次のような見解があるかもしれない。多国籍企業の海外進出が国民経済に害を及ぼすかもしれないが，それは国際競争の環境に置かれた一企業として選択の余地のないことである。もし海外に進出しなければ競争に敗れ，消滅する。海外展開は生き残りのために必要なのだ。これについてどう考えればよいのだろうか。

第1は，弱小企業のなかには生き残りをかけた海外進出もある。しかし，多国籍企業の海外展開の多くは言葉の真の意味で生き死にをかけたものではない。より高い利潤を獲得するための企業戦略である。あるいは，グローバル化の流れに乗じた便乗リストラである。

第2に，文字通り生き死にをかけた弱小企業の場合はどうか。それについて言えば，だからこそ一企業の対応ではなく，産業全体，国全体として，国内雇用を守る枠組みづくりを政府がおこなうことが必要になる。

この第2の点は次のように説明するとわかりやすいかもしれない。企業には，㋑雇用維持戦略と㋺リストラ戦略の二つがある。雇用維持戦略は地域雇用を守ることで，企業責任を果していく途であり，リストラ戦略は自らリストラ，海外進出に乗り出す途である。リストラ戦略は，雇用の削減や不安定化によって，

家計を直撃する。もし，すべての企業がリストラ戦略に踏み出すと，家計は大幅に支出を切り詰め，景気全体を悪化させる。しかし，他の企業が雇用維持戦略を採用するなかで，自分の企業だけがリストラ戦略を採用すれば，労働コストの削減によって自分の企業だけは収益を上げることができるとしよう。つまり，リストラをやる企業が一部であれば他企業の犠牲で自分は潤うことができるが，全企業がリストラをやれば経済は停滞しリストラ企業も損失をまぬかれないというわけである。この想定がどの程度現実的かはさらに分析が必要だが，1990年代の長期不況の原因のひとつはリストラであるという見解には根拠がある。

これは，いわゆる囚人のジレンマと言われる状況である。A，B二つの企業がともに雇用を維持すればいずれも100の収益を得ることができる。Bが雇用を維持して，Aだけがリストラをおこなうと，Aは競争相手の市場を奪い120，Bは80の収益となる。逆にAが雇用維持でBがリストラに入ると，Aは80で，Bは120である。しかしA，Bがともにリストラをおこなえば，消費の低迷から経済全体が停滞していずれも90の収益しか得られない。

|  |  | B企業 | |
|---|---|---|---|
|  |  | リストラ | 雇用維持 |
| A企業 | リストラ | (90, 90) | (120, 80) |
|  | 雇用維持 | (80, 120) | (100, 100) |

この場合，個別企業が競争的に利潤を追求すればAもBもリストラをおこなうことになってしまう。両者にとって望ましいのは雇用を維持して，デフレ・スパイラルに落ち込まないようにする場合である。しかし，仮にそれが企業にわかっていても，企業は自分だけがぬけがけをしてリストラをすれば儲けを増やすことができる。二つの企業が競争環境に置かれていると社会的に望ましい状態が実現しないのである。

現実の経済はこのゲームのように単純ではない。しかし，ここで重要なことは，雇用維持の戦略が結局は企業にとって有益なことを企業が知っているとしても，競争圧力がその実現を妨げることである。グローバル化とその競争圧力はこのような環境を中小企業をも含めてつくり出している。だからこそ，社会

的ルールが必要なのである。人権無視のリストラを規制することが，社会全体のためになることを明らかにし，社会のプラスになれば企業の社会的責任として規制するのは当然である。もちろん，現実には企業のとりうる戦略は二つだけではない。しかし，多くの戦略から，労働者や地域の利益を反映する戦略を選択させるように規制を加えることは，社会的な合理性を持つ。

　このような規制はいま世界中でおこなわれている。国際的な労働基準としてよく知られるILO条約は各国が守るべき労働基準を条約や勧告の形で規定している。具体的には残業の上限規制や解雇規制，労働時間・休日・休暇規定など広範囲にわたるが，これらはすべて「人間らしい労働（decent work）」を実現するために必要なルールである。総数で183の条約と191の勧告が加盟175ヵ国の守るべき国際ルールとして位置づけられているが，わが国ではまだ労働条件と解雇規制に関する条約の多くが批准されていない。「家族的責任を有する労働者の保護に関する条約」など，批准されていても活用されていない条約もある。これらを批准し国内で遵守させるとともに，国際的に広めていくことが重要である。

### 2) バランスある国民経済

　国民経済は現在世代だけのものではない。将来に向けて持続可能なものでなければならない。そのためにはバランスのとれた経済システムでなければならない。バランスは対人間，対自然の両面がある。

　対人間的に持続可能な経済は労働のあり方，社会保障のあり方の二つの面から考えなければならない。労働は本来社会的な性格を持っている。人間社会が長期的に存続していくためには，人間が労働によって自然や社会に働き続けていくことが不可欠である。この社会的営みに参画する権利がすべての人にある。正常な人間の精神的・肉体的な活動である労働を阻害する社会的要因を除去していかなくてはならない。一方では，労働能力を発揮できない大量の失業者が存在し，他方には，人間の生理的限界をはるかに超えた超長時間過密労働が存在する現実は，労働の不正常さを典型的に示している。

　いま，ワークシェアリングが大きな問題になっている。もともと西欧で最初に導入された制度であるが，現在わが国でも導入が検討されている。オランダの場合，雇用を増やすためにワークシェアリングを導入することが1982年のワ

ッセナー合意によって取り決められた。すなわち時短とパートタイム雇用，そして減税による所得保障が政労使で合意され，さらに1996年にはフルタイムとパートタイムの労働時間による差別を禁止した。その結果，かつては10％を超えた失業率が3％台まで劇的に低下し，オランダモデルとして注目されるようになったのである。重要なことは労働者の側がフルタイムかパートタイムかを選択でき，2000年の労働時間調整法でこの権利が強められたことである[15]。わが国で導入されようとしているワークシェアリングはこれとは異なっている。最も重要な違いはフルタイムとパートタイムの間にある労働条件の大きな格差を放置していることである。この格差を放置したままでは，ワークシェアリングによるフルタイムのパートタイムへの切り替えは，企業にとっては総労働費の削減であるが，労働者にとっては不安定雇用化である。ワークシェアリングは労働者に正常な労働条件を実現するためのものでなければ，長期的に定着しない。単なる不況対策として労務費の削減を目的とする場合，労働条件はさらに悪化し，労働者の理解は得られない。本来，ワークシェアリングは労働者のライフサイクルとかみ合った労働時間の選択を可能にし，育児や教育，男女共同参画社会の実現のために積極的な意味を持っている。また低成長経済が続くなかで失業者を減らしていくためにもワークシェアリングは重要であろう。そのためには，パートタイムとフルタイムの労働時間の違いによる格差の解消が必要である。

　対人間的に持続可能な経済という場合の第2の課題は，社会保障である。人間は誰でも年をとり，労働能力や生活能力を失っていく。これは避けることのできない生理現象である。また，世界は不確実で，いつ誰に突然の不幸が訪れるかもしれない。このようなときに社会全体によって支えられ，安心して生活が送れる社会システムでなければ，豊かな社会とは言えない。これについては次章で詳しく検討する。

　自然との関係で持続可能な条件は，環境との調和，資源の再利用，廃棄物の処理，クリーンなエネルギーなどである。自然と調和できる人間活動には越え

---

15) 労働者が労働時間の短縮・延長を申し出た場合，企業は正当な理由がなければ拒否できなくなった。日本経済新聞 Website より。

ることのできない限界がある。地球の自然環境を無視した経済開発や経済成長は持続しない。経済活動が生み出す廃棄物が再利用される循環型社会をつくり出すことは，社会の長期的な持続性のために不可欠である。この点で，すでに述べた，産業としての農業の再生が重要である。わが国の食糧自給率の低下はすでに先進諸国のなかで異常に低い。日米二国間交渉による輸入自由化はわが国の自給率をさらに押し下げるであろう。バランスある国土政策は過疎地である農村地帯に職を確保すること抜きには実現しない。このように多様な役割を果たす農業の再生なしに自然と人間の持続可能性の実現は不可能であろう。

### 3 日本のグローバル化の方向

以上で述べたような構造改革は，規制緩和と労働の流動化を内容とする小泉流「構造改革」とはまったく異なる。

規制緩和と労働流動化の「構造改革」は，低成長への転換のなかで，対外競争に勝利して収益を確保しようとするものである。それはゼロサムゲームのなかでは，外国と自国労働者に犠牲を負わせて，自分の企業だけが生き残ろうとする「改革」である。高齢化社会を迎えて，安心と安定を得たい労働者は消費支出を切り詰め，貯蓄を増やすことで自衛せざるをえない。その結果が，長期の経済不況である。国際的にも国内的にも一部の勝ち組みと大多数の負け組みの格差が拡大している。

いま必要な改革は，右肩上がりの高度成長から定常的な安定成長へと世界の経済環境が根本的に転換したことを真正面から受けとめることである。すなわち，低成長経済のもとでも生活と雇用が確保される社会福祉重視の経済システム，高度成長期の予測をそのまま引き伸ばした無駄な大規模開発をやめて，環境と調和的な循環型社会をつくること，農業の重視によってバランスのとれた経済構造をめざすことである。この方向は，これまでのグローバル化を大きく変えることになろう。

まず，わが国の貯蓄過剰を転換することになる。わが国の貯蓄過剰は，国民の生活不安が大きな原因になっている。不安が解消されれば，過剰な貯蓄は必要ではない。医療，年金，介護などの負担を個人に負わせることは，社会的には大変な非効率である。将来の手当てができる人もあれば，できない人もある。

できないからといって社会的に放置するわけにはいかない。また，個人が将来を予測するといっても，家族の事故や病気を予測したり，ましてや寿命を見積もることなど不可能である。人間はいつまでも元気で生きていたいと思うものである。将来不安を個人的にカバーさせると，過大な貯蓄を積み増すことになる。その過剰貯蓄は社会全体では莫大な無駄になる。社会保障というのは個人ではなく，まさに社会が全体として対応すべき保障である。社会全体としておこなえば，より少ない貯蓄ですべての人に安心を与えることができる。そうすれば，人々は過剰な貯蓄をする必要がなく，もっと多くを支出に回すであろう。競争と個人責任で鞭打ち，生産性を上げて，外国との競争に向かうのではなく，生活の安定と将来不安を取り除く社会システムをつくることで，各人が自発的に支出を増やし，需要面から経済を支えることができる。このような内需拡大は，輸出拡大のように，諸外国との間に貿易摩擦を生むこともない。

　貯蓄過剰の縮小は，金融的な不安定性の緩和にも役立つ。有利な投資先を失った過剰資金はアメリカを経由してヘッジファンドとして株式や為替投機を繰り返し，発展途上国を襲ってきた。その原資を断つことになる。同時に，多国籍企業の投機的行動が途上国を危機に落とし込むような行動は規制しなければならない。短期資金の投機的変動を抑制する国際的な合意形成に向けてアジア地域で日本の果たす役割は大きい。

　わが国は先進経済国として諸外国の経済発展に大きく貢献できる立場にある。世界人口の２％で，世界全体のGDPの13％を占めるわが国経済の一部をアジアの発展途上国に振り向けて，その社会開発に貢献することは，長期的に積極的な意義を持つであろう。その場合，政府間資金援助や技術協力，そして人的支援などによって，その国の医療，教育，生活インフラの整備など社会開発に貢献できる分野はきわめて多い。

　これまでのグローバリゼーション批判は，それがアメリカ多国籍企業主導によるアメリカン・スタンダードの世界化であること，それが労働者に痛みをもたらすことを主な批判点としてきた。この批判には十分根拠がある。しかし，それだけでは不十分である。アメリカ中心のグローバル化を支えてきた日本側の構造的問題を見ていないからである。アメリカが世界最大の債務国であるにもかかわらず世界展開できているのは世界通貨ドルの威力と圧倒的な軍事力に

よる。戦後しばらく，核とドルによる支配の時期があったが，長くは続かなかった。その支配が1989年のソ連・東欧の崩壊によって再現した。経済力の相対的低下にもかかわらず，アメリカ中心の世界展開が続いているのはなぜか。アメリカが低貯蓄（過剰消費），対外赤字であるにもかかわらず覇権国家であるのはなぜか。それを支えるわが国の「構造」があるからである。「働きすぎ」，「貯めすぎ（老後不安）」，「政府の浪費しすぎ」というわが国の構造が米国の「消費しすぎ」「外国から借りすぎ」という構造を支えている。異常が異常を支えているのである。アメリカ中心のグローバル化批判は，それを支えるわが国の構造問題にまで踏み込んではじめて説得力をもつであろう[16]。

　わが国経済の今後を考えるとき，依然としてアメリカ中心のグローバル化にいわば便乗してわが国多国籍企業の利益をはかろうとする新保守主義的グローバル化の方向と，国民経済の雇用や安定を重視して多国籍企業等の行動に規制を加えようとする国民的グローバル化という二つの対立が一層鮮明になると思われる。欧州の地域同盟の動きやアジア諸国の動きを見ると，今後ますます後者の国民的グローバル化の方向が主流になるであろう。実は，グローバル化の中心勢力であるアメリカ自身も，アメリカ一国の利益を第1に置いた国民的グローバル化を否定しているわけではない。鉄鋼や自動車産業を保護するために米国はしばしばWTO違反を疑われる高関税に訴えている。いまアメリカも，自国の比較劣位産業を保護しながら，他国に対しては農産物やIT等の自由化を狭い市場の論理だけで押しつけるのは，ダブル・スタンダードであるとして批判されている。米国多国籍企業がグローバル化を推進しながら，他方で国内経済を守る，この二つの目標を同時に追求できているのは米国経済の「強さ」かもしれない。わが国が米国と同じ道を歩めるのかどうか。かなり厳しいであろう。

　これまで縷々述べてきた資源エネルギー的従属，ハイテク技術への依存，そしてなにより世界経済の大きな構造変化に直面してからも，わが国は輸出型経済構造を変えようとはしていない。経済の構造を変えないままに世界経済の低

---

16) 山家悠紀夫『構造改革という幻想』（岩波書店，2001年）はこのような視点から小泉構造改革に切り込んだ数少ない労作である。

成長化に対応しようとしているのが,生産の海外移転を中心とする現在のわが国のグローバル化である。

国民経済を第1に置いたグローバル化に切り替える場合,キーワードは福祉と地域,そしてアジア途上国の社会開発である。重要な点は,労働と環境という経済の根幹に国際的スタンダードを確立すること,そしてそれを文字通りグローバル・スタンダードとして世界に拡大することである。そのためには,まず自国内に安定した雇用と充実した生活を実現することが不可欠である。そして,その実績に立って,アジア等の途上国の社会開発にわが国経済活動の一部を振り向けるべきである。途上国の低賃金を利用するためではなく,途上国の生活の確保と向上のために貢献するのはわが国の国際的責務である。多国籍企業のグローバル化か,国民的グローバル化かが,21世紀の当面の争点であろう。

## 補論　日・米・EU・アジア多国間国際産業連関表を使った試算

世界経済は密接な相互依存関係にある。米国の内需拡大はわが国の経済に波及するし,わが国の景気拡大はアジア諸国に影響する。このような相互依存関係をまとめたのが多国間国際産業連関表である。通産省がまとめた1990年の日・米・EU・アジア多国間国際産業連関表を用いて,世界全体の相互依存関係を試算してみよう。この表は,日本,米国のほかに,イギリス,フランス,ドイツの3ヵ国を統合したEU地域,インドネシア,マレーシア,フィリピン,シンガポール,タイ,中国,台湾,韓国の8ヵ国を統合したアジア,それ以外の5地域に分割して,国際的な財サービスの取引を表示している。

多国間国際産業連関表の構成は次のようになっている。

$$X_J = A_{JJ}X_J + A_{JU}X_U + A_{JE}X_E + A_{JA}X_A + F_{JJ} + F_{JU} + F_{JE} + F_{JA} + E_{JR} \quad (1)$$

$$X_U = A_{UJ}X_J + A_{UU}X_U + A_{UE}X_E + A_{UA}X_A + F_{UJ} + F_{UU} + F_{UE} + F_{UA} + E_{UR} \quad (2)$$

$$X_E = A_{EJ}X_J + A_{EU}X_U + A_{EE}X_E + A_{EA}X_A + F_{EJ} + F_{EU} + F_{EE} + F_{EA} + E_{ER} \quad (3)$$

$$X_A = A_{AJ}X_J + A_{AU}X_U + A_{AE}X_E + A_{AA}X_A + F_{AJ} + F_{AU} + F_{AE} + F_{AA} + E_{AR} \quad (4)$$

ここで,$X_i (i=J,U,E,A)$ は生産量ベクトルで,$J$ は日本,$U$ は米国,$E$ は EU,$A$ はアジアを表す。$A_{ij}$ は投入係数行列で,第 $i$ 国から第 $j$ 国への投入を表す。

表2-9 多国間国際産業連関表による国内最終需要への依存度

| | | | 日 本 | 米 国 | EU | アジア |
|---|---|---|---|---|---|---|
| 農　業 | | 1 | 0.96 | 0.86 | 0.90 | 0.90 |
| 林業・漁業 | | 2 | 0.96 | 0.74 | 0.89 | 0.77 |
| 原油・天然ガス | | 3 | 0.89 | 0.95 | 0.82 | 0.54 |
| 石炭・その他の鉱業 | | 4 | 0.78 | 0.81 | 0.90 | 0.83 |
| 食料品 | | 5 | 0.97 | 0.94 | 0.89 | 0.86 |
| 飲　料 | | 6 | 0.98 | 0.98 | 0.85 | 0.94 |
| たばこ | | 7 | 0.99 | 0.90 | 0.92 | 0.97 |
| 繊維工業製品 | | 8 | 0.83 | 0.91 | 0.74 | 0.64 |
| 衣服・身廻品 | | 9 | 0.97 | 0.96 | 0.81 | 0.44 |
| 製材・木製品・家具 | | 10 | 0.96 | 0.93 | 0.90 | 0.70 |
| パルプ・紙 | | 11 | 0.86 | 0.89 | 0.82 | 0.75 |
| 化学製品 | | 12 | 0.79 | 0.83 | 0.68 | 0.77 |
| 石油製品 | | 13 | 0.92 | 0.95 | 0.91 | 0.78 |
| ゴム製品 | | 14 | 0.72 | 0.89 | 0.76 | 0.78 |
| プラスティック製品 | | 15 | 0.82 | 0.92 | 0.83 | 0.70 |
| 皮革・革製品 | | 16 | 0.94 | 0.88 | 0.73 | 0.17 |
| ガラス・同製品 | | 17 | 0.79 | 0.89 | 0.78 | 0.75 |
| 窯業・土石製品 | | 18 | 0.94 | 0.94 | 0.90 | 0.90 |
| 鉄鋼・同製品 | | 19 | 0.75 | 0.89 | 0.70 | 0.81 |
| 非鉄金属 | | 20 | 0.73 | 0.74 | 0.68 | 0.70 |
| 金属製品 | | 21 | 0.87 | 0.91 | 0.85 | 0.77 |
| 一般機械 | | 22 | 0.77 | 0.81 | 0.69 | 0.84 |
| 電気機械 | | 23 | 0.69 | 0.77 | 0.74 | 0.51 |
| 自動車 | | 24 | 0.62 | 0.85 | 0.72 | 0.91 |
| 船　舶 | | 25 | 0.60 | 0.82 | 0.79 | 0.71 |
| 航空機 | | 26 | 0.86 | 0.69 | 0.62 | 0.86 |
| その他の輸送機械 | | 27 | 0.74 | 0.90 | 0.82 | 0.84 |
| 精密機械 | | 28 | 0.62 | 0.83 | 0.69 | 0.55 |
| その他の製造業 | | 29 | 0.87 | 0.95 | 0.88 | 0.62 |
| 建　設 | | 30 | 0.99 | 1.00 | 0.99 | 0.99 |
| 電気・水道・ガス | | 31 | 0.91 | 0.98 | 0.96 | 0.88 |
| 商　業 | | 32 | 0.93 | 0.94 | 0.93 | 0.85 |
| 運　輸 | | 33 | 0.84 | 0.85 | 0.82 | 0.76 |
| 郵便・通信 | | 34 | 0.94 | 0.97 | 0.95 | 0.87 |
| その他のサービス | | 35 | 0.96 | 0.98 | 0.95 | 0.89 |
| 政府活動 | | 36 | 1.00 | 1.00 | 1.00 | 1.00 |
| 分類不明 | | 37 | 0.85 | 0.75 | 0.63 | 0.81 |
| | 平均 | | 0.90 | 0.93 | 0.88 | 0.80 |
| | 分散 | | 0.013 | 0.006 | 0.010 | 0.027 |

| | | 日　本 | | | 米　国 | | | EU | アジア | ROW |
|---|---|---|---|---|---|---|---|---|---|---|
| | | 消費 | 投資 | 最終需要 | 消費 | 投資 | 最終需要 | 最終需要 | 最終需要 | 輸出 |
| | | 1 | 2 | 3 | 4 | 5 | 6 | 7 | 8 | 9 |
| 日　本 | 1 | 0.47 | 0.24 | 0.90 | 0.02 | 0.01 | 0.03 | 0.01 | 0.02 | 0.05 |
| 米　国 | 2 | 0.00 | 0.00 | 0.01 | 0.59 | 0.14 | 0.96 | 0.01 | 0.01 | 0.07 |
| EU | 3 | 0.00 | 0.00 | 0.01 | 0.01 | 0.00 | 0.02 | 0.88 | 0.01 | 0.16 |
| アジア | 4 | 0.02 | 0.01 | 0.04 | 0.04 | 0.01 | 0.06 | 0.03 | 0.80 | 0.13 |

資料：1990年の日・米・EU・アジア多国間国際産業連関表を用いて計算。

$F_{ij}$ は第 $i$ 国に対する第 $j$ 国からの最終需要（消費，固定資本形成，在庫変動，政府支出など）である。$E_{iR}$ は第 $i$ 国に対する上記4地域・国以外からの輸出需要である。部門はそれぞれ37部門である。

この表を用いて，ある国の最終需要が各地域・国の各産業にどのような波及効果を及ぼすかを求めることができる[17]。それを計算したのが表2-9である。これから次のことがわかる。

(1) 各国の生産額がその国の最終需要に依存する割合は，日本90％，米国93％，EU 88％，アジア80％である。その他が輸出依存度を表すから，EU，アジア，特にアジアの輸出依存度は高い。EUの高い輸出依存度は，ROW（4地域以外の国と地域）への輸出率が高いことに原因がある。これはイギリス，ドイツ，フランスの欧州内の他地域との交易関係が強いことが影響していると考えられる。アジアの場合は，ROWへの輸出ではなく，わが国とアメリカに対する輸出が大きな比重を占めている。

(2) 国内消費への依存率は，日本は47％に対して，米国は59％，逆に国内投資への依存率が，日本が24％であるが，米国は14％である。したがって，日本は国内と投資需要に依存した，米国は国内消費需要に依存した経済構造になっている。

(3) 貿易を通じた相互関係については，アジアの対米依存が大きい。すなわち，日米間では，日本の最終需要は米国生産額の1％を購入するが，米国の最終需要は日本の生産額の3％を占めている。アジアと米国の間では，アジアの生産額の6％を米国に，米国生産の1％をアジアに最終的に依存している。日本とアジアでは，アジア生産の4％を日本に依存し，日本の2％をアジアに依存している。

(4) 産業別に見ると，わが国の場合，外国の最終需要に依存する比率の高いのは，船舶（日本40％，米国18％），自動車（日本38％，米国15％），精密機械（日本38％，米国17％），電気機械（日本31％，米国23％）である。米国の場合，航空機は31％を外国需要に依存しており，特に大きな値とな

---

17) 表には関税や国際運賃が各需要項目ごとに計上されているが，ここでは投入額を加重値として投入係数に組み込んで計算をおこなっている。

っている。

　わが国は米国への市場依存が高く，わが国以上にアジアの米国および日本市場への依存度が高いことがわかった。具体的には，わが国の場合は自動車等輸送用機械や精密機械，電気機械を輸出しており，アジアは皮革・皮製品（輸出依存83％），衣服・見廻品（56％），電気機械（49％），精密機械（45％）等が主要な輸出品である。これはわれわれの直感にも合う特徴である。37部門の国内最終需要依存率の分散を調べると，日本が1.3％に対して米国は0.6％，EU1.0％，アジア2.7％であった。米国に比してわが国のほうが，さらにわが国よりアジア諸国のほうが，対外需要依存度の部門間ばらつきが大きいことがわかる。

# 第3章
# 成熟経済における福祉のあり方

菊本義治

## はじめに

　高成長経済の際には、市場や企業に任せておいても、ある程度の生活は保障されていたが、低成長経済になると、企業は国民生活を安定させるという社会的責任を放棄しようとする。したがって、日本の経済力を生活安定のために使わせる規制や福祉政策が必要となり、それが政府や自治体の役割になる。
　しかしながら、小泉構造改革（以下、「構造改革」）は社会保障や福祉は無駄なものと批判攻撃している。また、社会保障や福祉は生産的労働者の稼ぎ出した果実の移転であり、それは非生産的である、という考えも根強い。
　この章では、低成長の成熟経済における福祉の必要性と有効性を次の三つの点から述べることにする。

(1)　「構造改革」論など新自由主義は、なぜ社会保障・福祉を敵視するのか、そのねらいは何かを述べる。そのなかで福祉の意味と必要性を論じる（第1節）。
(2)　社会保障・福祉の現状と問題点をライフサイクルの観点から述べ、福祉政策の基本、福祉の有効性（雇用創出効果と地域経済への貢献）について論じる（第2節）。
(3)　福祉の国際比較を行うなかで福祉の財源問題を述べる。また、福祉制度は世界各国において異なっているので、福祉レジームの類型を明白にし、望ましいレジームについて論じる（第3節）。

## 第1節　福祉を敵視する「構造改革」

　構造改革とは、一般的には、古い効率の悪い構造を新しい効率のよい構造に

変えることである。たしかに，いつの時代にも普遍的なものはほとんどないであろう。特に制度や構造や組織は，時間がたてば新しいものも古くなる。時代の移り変わりとともに変わらざるをえないのである。したがって，構造改革が一般的に必要なことは当然であり，誰も否定しないであろう。ましてや，1970年代以降，大きな変化が起こっており，今日は人類史上において画期的な変革期である。構造改革は不可欠だといえよう。

しかし問題は何が古くて効率が悪いのか，何が新しくて効率がよいのかである。これをはっきりとさせないかぎり，構造改革について評価をくだすわけにはいかない。「構造改革」は，何が古くて効率が悪いと言っているのだろうか。その一つが社会保障や福祉であり，批判攻撃の対象とされているのである。

この節において「構造改革」の福祉観を批判するなかで，「構造改革」のねらいを明らかにする。

## 1 「構造改革」の誤った主張
### 1） 福祉は怠け者を生み出すか

「構造改革」は，人間は自立して生きていけるし，それが誇りと尊厳のある人間らしい生き方であり，社会保障への依存は他人への依存・怠惰な生き方であると主張している。そして，貧しいのは怠けるからであり，怠けるから自立能力を失うのである，努力することが能力を向上させる，という。

（1） 自立・自助論のごまかし

「構造改革」のご意見を待つまでもなく，誰しも自立した生活を望んでいる。苦しい生活環境のなかで自立しているし，自立しようと努力している。生活が苦しくとも，生活保護の申請をしない人が多いが，これは生活保護が他人からの施しであり，そのような「恥」はかきたくないと思い込んでいるからである。自立を望んでいるからである。

しかし，自立して生きていける人ばかりではない。望んでも自立できないときがある。職がなければ生活できない。いつ病気になるかもしれない。いつ地震や火事などの災害に遭うかもしれない。そのようなとき，いくら主観的に自立を望み努力をしても自立できない。怠けているのでは決してない。

そもそも，私たちが暮らす資本主義経済においては，自立した生活は原理的

には保障されていない。すなわち，資本主義経済は私有制度の経済であり，生産手段を所有していない人たちは労働力を売ることによって，つまり就職することによって生計を立てねばならないが，雇用の保障はないのである。景気が悪ければ職はないのである。

しかも，労働者は労働力の売り手として弱い立場にある。生存ぎりぎりの低賃金，健康と生命が奪われかねない長時間の過酷な労働が強いられてきた。ここに，労働者保護の必要性が生じるのである。労働者保護，労働者の権利保障なしには自立した生活はできない。

「福祉を利用して怠けて楽して生活している人がいるではないか」という意見がある。働けるのに働かず，社会保障をうまく利用して，ギャンブルや怠惰な生活を送る人もいるが，それは，ほんの一握りの人である。しかも，そのような生活にあこがれるのは，現在における労働が喜びのない，組織の歯車の一つでしかなく命令されるだけの労働だからである。「構造改革」はわずかな例をすべてのように言って社会保障を攻撃しているのである。

また，「構造改革」は人々が「自立」すれば社会保障の対象者が少なくなりきめ細かな社会保障ができる，と言っている。そのとおりである。生活保護などの公的扶助を受ける人を少なくすることはよいことである。そのためには，自立の条件を保障しなければならない。たとえば，雇用を保障しなければならない。それなしに自立，自立というのは本末転倒である。不況によって，しかも経済政策の失敗によって大量の失業者を生み出し，失業手当などにたくさんのカネを支出するよりも，経済を安定させ雇用を拡大し失業者を少なくするほうがどれだけ合理的であろう。

(2) 福祉とは何か

福祉と怠惰，福祉と労働の関係を考えるためには，福祉とは何かについてはっきりさせることが大切である。

福祉という言葉はいくつかの意味で使われている。第1は，「医療，福祉」とか，「社会保険，社会福祉」というように，保険と対比して公的（政府・自治体）扶助の意味で使われている。つまり，私費や保険による負担ではなく公費（租税）負担のことを言う。福祉を社会保障の一つとして使っている。

第2は，もう少し広く社会保障と同義で用いる場合である。社会保障は共同

相互扶助としての社会保険と公的扶助によって成り立つものである。

　これら二つの用法は別に間違っているわけではない。それぞれの文脈で使えばよいのだが，所得移転，社会的扶養が強調されすぎるように見える。ここから「無駄」とか，「他力本願」だとかの評価がなされることになる。他人の労働成果に依存する「非生産的階層」と映りがちである。また，養育，教育，失業手当，児童手当，医療，介護，年金など生活にかかわる側面が強調され，雇用や生きがいなどの側面はあまり強調されていない。

　もう一つの見方がある。すなわち，福祉とは，元来，語源的に言えばWelfareであり幸福のことである。広い概念である。この場合，社会保障は福祉のなかの一つといえよう。幸福とは，抽象的な言葉だが，物質的精神的な豊かさ，生活の量・質かねあわせた充実である。

　福祉を幸福という視点から見るならば，雇用保障は重要な福祉構成要因となる。働きたくても働けない失業は，所得がないというだけではなく，労働の喜びや人と人とのふれあいや生きがいを奪うという点からしても福祉＝幸福と相矛盾する。地域や職場での協同・協力，やりがいのある仕事を協働する喜び，人と人との心のふれあいは重要な福祉要因といえよう。

　わが国においては，憲法第13条で幸福の追求権が認められており，第25条で健康で文化的な最低限度の生活が保障され，第27条で勤労の権利と義務が認められているのである。福祉はすでに述べたように，ただ単に生活のための所得を保障することだけではない。労働を通して人間が接触しあい，社会に貢献し，自らのアイデンティティを示すことは，生きがいであり，喜びであり，幸福実現である。

　なんらかのハンディキャップを有する人たちはどうか。権利として所得が保障され自立の条件が保障されねばならないことは言うまでもないが，さらに，その人たちの能力ができるかぎり発揮されるような条件と環境がつくられ，社会との接点をつくることが大切である。

　働くこと，働きがいを見つけることは福祉の重要な内容である。福祉政策は雇用政策を基本におく必要がある。そして，疾病やその他の理由で働けないときに生活保障・所得保障を行うのである。したがって，社会保障や福祉が働かず楽して暮らそうというモラル・ハザードを生み出すのではない。

## 2) 福祉は経済を停滞させるか

「構造改革」は，社会保障や福祉が充実すれば経済は停滞すると主張している。その根拠として，①既得権益を固守することが経済の弾力性を失わせ停滞させる，福祉は既得権益の最たるものである，福祉に依存して働かなくなる，②福祉財源を確保するための高率の税金は人々から働く意欲を奪う，③希少資源が福祉サービス部門に使われ，経済成長のために使われなくなるという点をあげている。そして，④経済成長が高くなれば福祉も充実するのだから経済成長の実現を優先すべきだと結論する。

論点①の後段，すなわち，福祉が怠け者をつくるかどうかはすでに述べたので再論しない。福祉＝既得権益についてはどうか。たしかに，政・官・財（業）の癒着や談合などによる利権・利益誘導構造は経済を停滞させる。しかし，福祉は既得権益ではない。憲法に保証された権利である。

論点②についてはどうか。税金は高いよりも安いほうがよい。税金が上がれば嫌になる。これは当然の心理であろう。わが国の租税制度は累進課税制度を採用しているから，所得が増えれば税率も上がる。だが，税金を考慮して働くかどうかを決めるほど余裕のある人はほとんどいない。高級管理職や社長などの高給取りは，税金を考えて働いているわけではない。彼らは彼らの仕事やポストに満足しているのである。高い税金のためにポストと高給を失うようなことはしない。

低成長の福祉部門のために資源が利用されるから経済成長は低下するのだろうか（論点③）。これもおかしい。資源の完全利用を前提すればそういうこともあるかもしれないが，資源が利用されていない状況では，資源が福祉部門に使われても成長にマイナスの影響を与えるわけではない。また，福祉が削減されても資源が利用されないままで高成長になるわけはない。

論点④との関連で経済成長と福祉の関係を考えてみよう。

経済成長が高水準であれば，福祉のための財源は裕福となりそうである。また，企業も賃上げや福祉資金の提供を認めそうである。というのは，労使のトラブルによって企業活動が中断されるよりも，少しくらい譲歩をしても労働者を働かせるほうが有利だからである。その意味で成長が高ければ福祉を充実させる条件が生まれると言えよう。第二次世界大戦後の「福祉国家」成立の背景

として高成長と完全雇用があったことを否定できない。しかしながら，経済成長が高ければ必ず福祉が充実するわけではない。GDPの増分以上に投資や輸出が増えれば，国民の消費生活や福祉は低下するのである。

経済成長が低くなると，税制度が変わらなければ財政は窮屈になる。ここから，低成長は福祉水準を低める，という意見が生まれる。しかし，かならずしもそうではない。財政の使い方によるのである。国民にとって無駄で不要なものを削減し福祉を充実させることができる。

福祉が充実すれば成長はダウンするのだろうか。この点についてはすでに論点①②③において検討した。福祉の充実が成長をダウンさせるという論理は成立しない。

では，福祉が充実すれば成長は高くなるのだろうか。福祉が成長を刺激する効果のあることは後述するが，成長は福祉だけで決まるものではない。経済成長は主として別の要因によって決まるものである。すなわち，その国の潜在成長率は，主として技術の進歩率や労働人口の増加率や環境・資源の制約によって決まるのである。潜在成長率を顕在化させるのは需要サイドである。

「構造改革」は「経済成長を優先せよ，福祉を我慢せよ，痛みに耐えよ，そうすれば道は開かれ福祉も充実する」と言う。そうだろうか。現在の日本経済を考えるとき，環境問題が激化していること，欧米経済へのキャッチアップが終わり技術の模倣から創造へ転換しなければならないこと，少子高齢社会になったことなどを考えると，これからの高成長は望みようがない。大事な点は，成長を高めることに全精力を傾けるのではなく，低成長のもとでも質の高い生活を持続的に享受できる途を見つけることである。

### 3) 財政危機論による福祉削減

「構造改革」の重要な中身の一つとして財政再建があげられている。たとえば，2002年度予算策定に際して，国債発行を30兆円以下に抑制すること，そのために歳出をおおむね10％削減すること，社会保障については高齢化などによる当然増1兆円のうち3000億円を削減することなどが打ち出された。2002年度の社会保障削減については医療が主要な対象になる。介護保険は2001年度にスタートしたばかりだし，年金については5年ごとに見直しが行われるからである。

医療費については，①保険料が値上りする。さらに，これまで除外されていたボーナス分を含めた総所得に対して保険料が課せられる。②被保険者の窓口負担はこれまでの2割から3割になる，③老人医療の対象者については1割になる（今後2割，3割への引き上げが検討されている）。また，これまでの月3000円の負担の上限が高くなる。

　このように財政危機だから社会保障を削減するのは当然，と「構造改革」は主張しているが，そうだろうか。

　第1に，財政赤字は決して望ましいことではないが，山家由紀夫氏が主張しているように[1]，財政赤字は「構造改革」論者が弁じ立てるほど財政危機につながるものではない。というのは，政府は債務を持っているけれども，債権も持っているからである。実物資産も持っている。1999年末においては，政府の負債は618兆円，金融資産は390兆円，固定資産などが332兆円，土地155兆円である。正味資産259兆円である。もっとも，金融資産のなかには，国債返済積立金があるし，不良債権や目減り分もある。また，実物資産は簡単には売却できないだろう。その点を考えると，正味資産がプラスだから大丈夫と簡単にいえないが，債務だけを誇張するのは意図的である。

　第2に，国の本来の借金は外国からの借入である。外国から資金を借り入れ，返済に困りIMFから借款せざるをえなくなると，IMFの介入を受けざるをえなくなり，自主的な政策を遂行できなくなる。ロシア・韓国・タイなどの通貨危機の際にはIMFの介入を受けたのである。しかし，日本の国債はほとんどが日本国民によって購入されており，外国人保有国債は5％ほどである。アメリカの場合，30％以上が外国人保有である。対外貸借について言えば，日本は世界一の資金の貸し手なのである。

　第3に，財政赤字は，理論的には，①国債供給増によって国債価格の値崩れ，国債利回りの上昇，それに連動して他の利子率の上昇をもたらす可能性がある。また，②貨幣供給増によって物価が上昇する危険性もある。しかし，①現在，国内貯蓄が大きく，しかも利率の高いリスクの少ない国債に対する需要は大きいので，国債価格が値崩れする危険性は少ないだろう。②長期不況のゆえに国

---

1)　山家由紀夫『「構造改革」という幻想』（岩波書店，2001年）。

内はデフレ傾向にあり，物価上昇を危険視する必要もない。

　財政赤字の累積には別の面がある。それは，いずれ返済のために増税が行われるだろうという国民の増税感を高め，それに備えて消費を抑え，それが消費需要の減少と景気の一層の悪化をもたらす恐れである。したがって，財政赤字については抑制・解消することがいずれ必要になるが，景気が悪化しマイナス成長になったいまの時期を選ぶことは合理的ではないだろう。「構造改革」は財政赤字を悪用して社会保障の切り下げを強行しようとしているのである。不況を利用して効率の悪い競争力のない企業や産業をつぶそうとしているのである。だから，不況局面において景気対策よりも財政抑制を強調しているのである。

　第4に，財政赤字を減らすためにはいくつかの選択肢がある。社会保障費を削ることも一つだが，他の支出を減らすこともできる。不必要な，それこそ効率の悪い大型土木工事などの公共事業を抑制すればよいのである。軍事費についても削減できる。社会保障を目の敵にする必要はない。

## 2　「構造改革」はなぜ福祉を嫌うのか
### 1）　長期不況

　「構造改革」が福祉を嫌うのは低成長・長期不況だからである。社会保障のために公的資金を回す余裕はない，というのが本音である。その資金を彼らにとって有意義な（利益の高い）ところに回したいのである。すなわち，社会保障や福祉を削り，企業に高利潤をもたらしてくれそうなところに資金を回す，国内に有望な投資機会がなければ外国に投資して高利潤を得たいのである。彼らなりの「所得再分配」を行いたいのである。

　1990年まで世界資本主義の優等生と賞賛されていた日本経済は，なぜこの10年間にこれほどまで惨めな状態に落ち込んでしまったのであろうか。それは，1970年代に高度経済成長が破綻し，低成長経済への軟着陸が課題となったときに，それに失敗したからである。むしろ，1980年代に「一時的好況」が生じ，それを常態と見誤ったことに原因があったと言えよう。その意味では「失われた10年」は1980年代かもしれない。振り返ってみよう。

　わが国の高度経済成長は1970年代前半に破綻する。高成長によって高貯蓄と

高利潤を維持してきたシステムが崩れたのである。「成長の限界」や「小さいことはよいことだ」などのキャッチフレーズが流行したのはこの頃である。高成長期から低成長期への転換と，その対応が望まれたのである。

しかし，わが国はそれとは反対に，高成長の破綻による高貯蓄・高利潤の低下を財政システムの稼働によって避けようとした。いわば中継ぎとして財政でしのごうとしたのである。それは一定の成果をもたらしたが，財政赤字が累積し，財政赤字を解消する行財政改革が重要な政策課題となった。1980年代前半の中曽根臨調行革路線がそれである。その理論的な支柱となったのが新自由主義経済学であった。このような動きは日本だけではなく，世界的にもレーガン，サッチャーなどがその路線を採用した。

1980年代に入って，わが国は輸出に活路を求め巨額の貿易黒字を稼ぎ出した。鉄鋼や石油化学などの重厚長大型産業から電気・機械・自動車などの産業に転換した。輸出超過によって高貯蓄・高利潤が維持された。しかし，これは貿易摩擦をもたらした。

巨額の貿易黒字を背景にして，日本は世界一の債権国になった。特に1980年代後半から，日本は世界化をはかる。アメリカへの資金供与，本格的な多国籍化を展開した。

貿易黒字，円高不況対策によって貨幣供給が急増しバブル経済が出現した。同時に半導体などのハイテク技術によって投資も増え，1980年代後半は5％台の経済成長を達成し，低成長経済から脱出しえたかに見えた。世界資本主義の優等生という評判が確立し，この世の春を謳歌したのである。

しかしながら，栄枯盛衰，土地価格の急騰などに対する批判が高まるとともに，不動産関連融資の総量規制が行われ，これを機に1990年にバブル経済が破裂した。その後10年以上にわたる長期不況が，いまも続いているのである。

このような事態に直面して，国内における利潤をめぐる競争は激化した。利潤再分配競争が激化する。新規分野への参入の自由など規制緩和・自由化が強行され，国内利潤が「強い」大企業に集中する体制がつくり出された。これが競争・規制緩和の新自由主義路線であり，「構造改革」路線である。

競争に勝ち残るために低コスト体質が追求され，リストラ合理化が強行された。これまでの日本型雇用慣行をあらためて，正規労働者をパートタイム労働

者に変えていく労働力流動化政策が採用されるようになった。労働者の高齢化は年功序列型の賃金制度を企業にとって不合理なものにした。

コスト削減を強行するためには，労働者の権利を弱めなければならない。労働者の力をそがねばならない。不況，解雇をちらつかせることによって，労働者に賃下げやリストラ・希望退職を迫った。労働者も将来を悲観し，割増退職金を選択した。他方，社会保障など国民の権利意識を弱めるための大攻撃がかけられた。

社会保障や福祉の削減によって，人々は将来の生活に対して不安を抱く。将来の不測の事態のために少ない収入をやりくりして貯蓄に励む。消費需要は伸びない。景気を下支えし，経済を安定させるものは消費需要である。それが伸びないのだから，いくら政府が景気対策を行っても回復しないのである。10年間で70兆円ほどの景気対策を行っても，本格的に景気がよくならないのは将来不安による消費需要低迷のためである。その最大の原因は社会保障・福祉の切り捨てにある。

2) グローバリゼーション

「構造改革」は長期不況をグローバリズム（経済の世界化）によって切り抜けようとしている。すでに第2章で述べられているように，それはアメリカ主導によるものであり，世界を市場システムに塗りつぶし，大競争を行おうとするものである。ソ連邦の崩壊，社会主義国の市場経済化，中国のWTO加盟は文字通り世界を市場経済，市場競争に巻き込んだ。世界市場競争によって利潤を獲得しようとしているのである。また，世界的な市場開放は本国にも外国資本が参入してくることである。外国資本を迎え撃たねばならない。まさに大競争（メガコンペティション）の時代である。このような大競争のもとでは，弱い産業や企業を保護する余裕などない。社会保障・福祉に回す資金などない。競争原理にもとづいて淘汰されるものは淘汰されるべし，これが「構造改革」である。

「構造改革なしに景気対策はない」と言われているが，これは景気政策・需要創出政策を安易に行い国際競争力のない産業や企業を残すことはよろしくないということである。だから，深刻な企業倒産，しかも大手の企業倒産が生じているにもかかわらず，「それは構造改革が順調に進んでいることだ」とうそ

ぶけるのである。国際競争力を持つ産業や企業を育成するために限りある資源を活用しようとするのが「構造改革」である。

この点からすれば,「構造改革」にとって福祉は迷惑である。第1に,福祉に回す財源を国際競争力のある産業や企業を育成するために使いたいのである。福祉への負担は無駄なのである。

第2に,福祉の充実は国民の権利を認めることである。国際競争のためには国民の権利意識を弱めなくてはならない。国内弱小者の切り捨て,労働争議や環境保全など国民の権利・運動を弱め,軍事力を強化し対外進出する必要がある。だから,福祉は邪魔なのである。

第3に,福祉の充実は賃金コストの上昇を意味し,それは国際競争力を弱める。つまり,医療や年金に対して企業・事業者は労働者・被保険者とほぼ折半で保険料を負担しているので,福祉の充実が事業者の保険負担増になっては困るのである。また,福祉は公的だけではなく企業も提供している。このように企業は福祉負担をしており,その充実はコスト増なのである。

## 3 どのような構造改革が必要か

時代の変化に対応して構造改革を行うことは大切である。ではどのような構造をどのように変えるべきなのか。

### 1) 破壊の「構造改革」

「構造改革」は日本の現状を危機的に捉える。彼らにとって何が危機なのか。

政府の保護のもとで国際競争力のない産業や企業が存在すること,社会保障や福祉のような無駄な制度が大いばりで存在することが危機なのである,このままではグローバルな競争戦に生き残れない,日本は二流国に転落する,と言う。そして,市場競争に任せることによって無駄で不要なものが淘汰され,活力ある産業や企業を育成して日本の潜在的成長力を引き上げることが最大の課題だとする。「構造改革」を行うことによって再び日本経済は成長力を取り戻し,高成長になると主張しているのである。

それでは,「構造改革」が実施されれば日本経済はうまくいくのだろうか。少しの間,「痛み」に耐えれば明るい未来がやってくるのだろうか。

そのようなことはない。

第1に,高成長が実現できる保証はないのである。いつ,どのような新しい産業が,どの程度,生まれるのか明らかではない。「構造改革」はIT産業,先端医療産業,都市再生産業などに期待しているが,IT産業はすでにアメリカにおいては翳りを見せているのである。また,仮に新しい産業が生まれる可能性があるとしても,それが遅すぎるならば,従来の産業を破壊された日本経済は奈落の底に落ち込んでしまっているだろう。高成長→雇用増と福祉充実というシナリオは実現しそうにない。

　第2に,「構造改革」によって多くの中小企業は淘汰される。日本の労働者の圧倒的大多数は中小企業で働いている。ここが淘汰されるのだから,大量の失業者が生まれる。新規卒業者の失業は増える。2001年度の高卒の就職率は90％ほどでしかない。中高年はいったん職を失えば中途採用はきわめて困難である。現在の失業率5.6％はさらに増え続けるであろう。自殺者が年に3万人を超えている。その大多数が失業者や破綻した経営者・業者なのである。

　第3に,社会保障は削減される。国民の負担は増加する。戦後,サービス残業,過労死,家庭崩壊,環境破壊などのコストを払いながらではあるが,なんとか暮らしてきた生活条件が一気につぶれてしまう。

　第4に,破綻企業や銀行の資産を「禿鷹ファンド」と呼ばれる国際資本が買いたたいている。日本は貿易黒字で稼いだカネをアメリカに投資し（財務省証券などの購入),アメリカは国際的に資金を集め,世界の株式や為替を買いあさっている。1日に1兆ドルから2兆ドルの資金が世界を駆けめぐっている。売り浴びせられ,値下がりしたものを買いたたく。たとえば,日本長期信用銀行の場合,税金を4兆5000億円投入して負債を清算したのち,10億円ほどでアメリカ系資本に売り渡したのである。日本国民の血と汗の結晶である資産をただ同然の値段で売り飛ばしてよいものだろうか。

　2) 既得権益に執着する「抵抗勢力」

　他方,現在においても高成長は可能だと言う人たちがいる。潜在的成長力は十分あるのだが,それに見合う需要がないのだ,したがって,需要拡大こそが先決である,と論じる。これは「抵抗勢力」と呼ばれる人たちの考えである。彼らは,これまでに主として公的資金に依存してつくり上げてきた既得権益を維持しようとする勢力である。彼らは手厚い政府保護のもとに莫大な利益を得

てきたのである。そして，政・官・財（業）の癒着関係ができ上がってきたのである。

「抵抗勢力」は現状を楽観的に見すぎている。すでに日本経済は少子高齢社会の成熟経済になった。環境・資源制約は厳しい。もはや高度経済成長は夢の夢である。1990年代に入って以降，いく度も景気刺激政策を実施しても，少し景気が上向いたかと思い手をゆるめると，すぐに景気は落ち込んでしまう。景気対策を行うたびに刺激効果は弱くなっている。この事実を見ても現状のままで高成長を実現できるわけがない。

それでは「構造改革」がよいのかといえば，すでに述べたように「構造改革」による高成長は幻想である。それどころか，「構造改革」によって日本経済は破壊されてしまう。この際，低成長という歴然とした事実を直視すべきである。そして，成長が低下しても国民生活を安定充実させうる経済構造に変えなければならない。

### 3） 低成長期の経済構造

成長指向，すなわち高成長によって高貯蓄と高利潤を実現する，という利潤追求型の経済構造を生活重視の経済構造に転換することである。日本経済は高い経済力を持っている。これを国民生活安定のために活用しなければならない。

成長にこだわらず，外国への資金投入に命運をかけるのではなく，生活の質的充実をはかる必要がある。日本は欧米諸国と比べて貯蓄率が高い。低成長期には高貯蓄は不必要だし，できない。これを低くし消費率を引き上げることである。リストラを規制し雇用を増やし，賃金を引き上げ購買力を高める，社会保障や福祉を充実し，現在ならびに将来の国民生活を安定充実させる必要がある。

生活の質を重視すべきである。これまでのように長時間の労働ではなく労働時間を短縮し，労働から自由になった時間を趣味や生涯学習やスポーツや家庭での育児・家事のために使えばよい。地域における人間関係・ふれあい，地域の子育て・高齢者介護などに使えばよい。

低成長は変化のない無味乾燥な社会ではない。低成長社会はすべての人が満足する至福の状態ではない。一層の生活改善が求められる。そのためには，旺盛な冒険心が求められるのである。未知に向かって切り開いていく冒険心が必

要なのである。シュムペータのいう「革新」が求められる。

そのような革新行動は,「座して死を待つよりも撃って出る（やってみる）」という強制によって行われるものではない。競争による信賞必罰によって行われるものではない。意欲と能力は持つが資金のない人に対して，社会的に資金を提供し社会が共同でリスクを引き受け，未来を切り開いていくシステムが大事である。その成功者に対しては報奨と名誉が与えられるべきである。これも福祉政策の重要な内容である。

## 第2節　生涯生活権としての福祉

### 1　ライフサイクルの変化

栄耀栄華の生活を夢想することはあっても，その実現に命をかける人はほとんどいないであろう。大多数の人は安全に安心して暮らしたいのである。

憲法に保証された生活権は，生涯にわたるものでなければならない。文字通り「ゆりかごから墓場まで」であって，人生の各ステージ（節目）において具体的に保証されねばならない。この生涯にわたる生活権（生涯生活権）が保証されるためには，「構造改革」の主張とは違って，社会保障や福祉の充実が不可欠である。

安全に安心して暮らしたいと願っているのに，現実は不安がいっぱいである。食料の安全性の問題，紛争や戦争，環境破壊などである。

ライフスタイルないしはライフサイクルをとってみても，これまでと大きく変わろうとしている。どのように変わるのかという不安，変化に対応できるかという不安などでいっぱいである。

これまでならば，長時間かけて通勤し，長時間働き，上司から小言を言われ，家庭は女性に任せ，隣近所との付き合いもほとんどないという生活ではあったが，それなりに暮らすことができていた。国民の生活は曲がりなりにも保障されていたのである。すなわち，生まれて，育って，学んで，働いて，育てて，病気になれば医療保険があって，定年後はわずかばかりの蓄えと退職金と年金とで細々と暮らして，そして，家族に看取られながら生を全うするというのが代表的な日本人の人生であった。ある意味では，見えすぎて面白くないところ

に不満はあるが,「保証された」生活であった。しかしいまや，そのライフスタイル，ライフサイクルは大きく変わりつつある。どのように変わろうとしているのか素描してみよう。

　(1)　自然と戯れて育つ環境が少なくなった。巨大な団地や新興住宅には同じような世代・職種の人が生活し，子どもたちの数も少なく，年格好もほぼ同じで，思い切り遊べる雰囲気ではない。公園や空き地が少なく屋外で遊ぶよりも，つい屋内にひきこもってコンピュータ遊びに熱中してしまう。

　(2)　学校が面白くない。わからないのに次々と詰め込み教育をするかと思えば，「ゆとり教育」とやらで好きなことをせよという。方針がくるくる変わる。教師の数は少なく生徒の個性を大事にした，理解度にあわせたきめ細かい指導ができていない。いじめが横行している。しかも，そのやり方は陰湿だ。これでは登校拒否の生徒が増えるのも無理はない。

　(3)　やっとの思いで学校に入り，なんとか卒業できても，就職先があるかどうかわからない。新卒者の就職率はきわめて悪い。幸い就職できても，いつ解雇されるかわからない。企業倒産で職を失うかもしれない。40歳を過ぎるとリストラ対象で解雇されたり，いじめにあったり，「希望退職に応じよ」とうるさい。このような会社に未練はないと辞めたはよいが，中高年者に中途採用の途は厳しい。労働の流動化というが，それは正規労働者を解雇しパートタイム労働者に切り替えることでしかなく，中高年の受け皿はほとんどない。あっても，賃金は大幅に下がってしまう。

　(4)　医療保険は改悪され続けている。負担は増えている。これではおいそれと病気にもなれない。病気になっても病院に行けない。保険費を払えない無保険者が増えている。「国民皆保険」というスローガンはどうなったのか。保険料は上がり，窓口自己負担も2割から3割に上がる。高齢者の医療負担は重い。無料であった高齢者（老人）医療がいまは1割，これが2割，3割と上がっていくそうだ。いまでも，高齢者が長期入院することを「社会的入院」と称して，自宅で療養すればよいのに病院に居続けていると批判され，おおむね3ヵ月で強制退院させられる場合がある。この結果，別の病院を探すことになり，病院のたらい回しが行われる。人権無視もはなはだしい。

　(5)　年金は5年ごとに改悪されている。支給年齢の延長，給付の引き下げな

どによって世代間格差は大きくなっている。これでは将来，年金で生活できるかどうか怪しい。しかも，失職年齢はリストラなどで早くなっているのに年金給付年齢は遅くなっている。このギャップをどのように埋めればよいのか。

（6）核家族化が一般的になり，これまでのように子ども（とくに娘，息子の嫁）に頼ることはむずかしくなった。高齢者による高齢者介護が行われ，体力的にも限界に達している。このような状況をふまえて介護保険がスタートしたが，問題だらけだ。これまでならば無料だったものも保険料を払い，さらに費用負担もある。介護認定も曖昧で問題だらけだ。供給体制が不十分で待ち組がいっぱいいる。

## 2　社会保障の問題点

子育てや教育や労働に関する問題は別に譲るとして，ここでは医療，年金，介護に関する問題点を述べよう。

### 1）医　療

高齢社会にともなう医療費の高騰，過剰診療，薬づけ，老人の「社会的入院」などによって医療保険が赤字になっている。したがって，保険料の値上げや窓口自己負担の値上げが不可避だと，政府は大宣伝している。また，国民健康保険や中小企業の加入が多い政府管掌保険の赤字が特にひどい。民営化や保険制度の一本化が望ましい，という意見もある。

### 2）年　金

年金財源の問題，世代間格差の問題がある。年金は信頼がなければ成立しない。世代間格差が大きくなれば，「年金はいらない」という現役世代，特に若い層の声が強くなるのも当然である。これは年金制度を崩壊させる要因になる。

専業主婦と共働き主婦の問題，すなわち，専業主婦の場合，被保険者の夫の年金拠出だけで妻の基礎年金給付資格が得られるが，共働きの場合，妻も年金拠出を行わねば年金給付資格をもらえないという問題がよく指摘されている。

コスト切り下げを求める企業側からは，年金などの保険費の企業負担を減らすべきだ，廃止すべきだと主張されている。

### 3）介　護

介護財源を保険によってまかなうべきかどうかの問題がある。これまでは福

祉として無料で供給されていた分野であるから，この問題は検討すべき点である。介護認定に関してもトラブルが跡を絶たない。介護供給者が自治体であるから，自治体によって負担も内容も変わる。介護などを考慮して住民が住む場所・自治体を選択できる，自治体の主体性が尊重されるという評価もあるが，同じ国民でありながら異なっていいものかという意見もある。

### 4) 保険制度の複雑さ

日本の社会保障制度は一本化されておらず複雑であるという指摘が多い。すなわち，児童手当，母子手当，失業保険，医療保険，その他の社会福祉などいろいろな社会保障制度が組み合わされているのである。社会保障制度に関する情報の多寡によって不公平が生じるし，手続きも複雑になる。また，職種別・企業別に保険が行われていることから，財政に余裕のある保険組合もあれば，赤字の組合もある。同じ対象の保険でありながら，職種や企業が違えば財政状況が違い，給付も負担も違うのは公平上いかがなものであろうか。

たとえば，年金生活者を考えてみよう。彼が現役労働者のときは健康保険組合や共済保険組合に入る。これらの保険組合の場合，構成員の所得も比較的高く，かつ安定している。したがって，財政も比較的安定している。しかし，退職すれば国民健康保険に入ることになる。そこは赤字である。収入の少ない人や不安定な人たちが多いからである。しかも，病院通いも多い。財政は不安定になる。年金生活者は現役のときには健康保険組合員として黒字に貢献していたのである。退職してから国民健康保険組合に加入させられ，赤字だ，赤字だと批判される。これはおかしな話だ。

## 3　社会保障の基本政策

社会保障をめぐって提起されている問題点を解決するための基本政策として，次のようなことが考えられる。財源問題については次節で述べる。

(1) 医療（少なくとも老人医療）や介護の基本的なもの，基礎年金は保険ではなく税負担，公的負担とする。これは次の点で合理性を持つと思われる。

第1に，憲法で保証されている生存権，すなわち，健康で文化的な最低水準の生活は保障されなければならない。その水準を超えた医療，年金，介護に関しては私的に行うか，保険制度を活用する。どれだけの水準をナショナルミニ

マムにするかは国民の決定事項である。

　第2に，制度の複雑さにともなう不便さや不公平性，同じ保障対象でも組合の違いによって拠出も給付も異なるという点は問題である。これを解決するためには一本化が必要だが，すでに複数組合によって長年運営されてきたのであり，それぞれの歴史があり，財政状況が違うのであるから，これを早急に無理矢理一本化しようとすれば不満が出てくる。そこで，最低水準を公費負担とし，それを超える水準を保険負担や私的負担とするならば，問題解決の一端になるだろう。

　(2)　社会保障負担の被保険者，事業者，公費（政府と地方自治体）別割合をどう考えるかという問題がある。

　次の理由から公費負担を増やすべきである。

　租税の基本理念は国民から徴収し（経済的に余裕のある人から多くを負担してもらう），国民が必要とするものに支出するという点にある。憲法が保証する健康で文化的な最低限度の生活を保障するための支出は国民の共通経費であり，租税の基本理念から公費で負担すべきである。また次節で述べるが，日本の社会保障負担率，とくに公費負担は国際的に見て低い。その点から考えても公費負担を引き上げるべきである。

　公費は地方自治体と政府から支出されているが，現在の地方自治体の負担能力の低さを考慮すれば，国民健康保険や政管健保に関しては国庫負担の割合を大きくすべきである。地方自治体にもっと多くの財源を配分すべきである。

　事業者（使用者）は事業者負担を減らしてほしいと主張し，「構造改革」もそれに同調している。その言い分は正当だろうか。

　社会保障の事業者負担分は，①元来，賃金であるべきものを事業者負担という名目で支払った分と，②企業の社会的責任として社会保障に寄与した分から構成されている。この二つの線引きはむずかしいが，①は賃金の一部を企業の恩恵と思わせ，労働者が企業に忠誠を尽くす手段とするためのものであり，いざとなればその分を削減することによって事実上の賃下げを行いやすくするためのものである。②は企業のインフラ利用や社会的責任に対する支出であり，企業の当然の負担である。

　したがって，事業者負担を減らすということは，賃金を下げるか，企業の社

会的責任を減じるかのいずれか，もしくは双方である。後述するように（表3-5参照），日本は，フランスやスウェーデンなどに比べて事業者負担は少なく，アメリカと同水準である。イギリスよりも高いが，イギリスは公的負担が大きいのである。この点から考えると，事業者負担を減らす合理性はない。企業へのインフラ供給が巨額であることを考えると，増やしてもおかしくはない。

(3) 専業主婦と共働き主婦の矛盾という問題を考えよう。これを考えるためには，租税原理，少なくとも現在の「財政法」の基礎をなす理念を思い出す必要がある。それは，払いやすい人（高所得者）から多く徴収し，国民みんなに必要なものに支出するということである。拠出能力のない人からは徴収しないという点が大事である。

この原理に則れば，負担能力のない専業主婦や学生に負担させることはおかしいのである。彼らの支払いは，夫であり，親である。これは二重払いといえよう。専業主婦と共働き主婦の矛盾を解決するためには，基礎（国民）年金を公費負担にせざるをえない。

(4) 医療保険の赤字に関しては，まず国庫負担の削減を指摘できる。政管健保が赤字に転落する1993年度を振り返ってみよう。1991年度の政管健保財政は3747億円の黒字であった。政府は1992年度の国庫負担率（医療費に占める国庫負担の割合）を16.4％から13％に切り下げた。同年度はまだ746億円黒字であったが，1993年度には国庫負担金1300億円を繰り延べしたこともあって赤字に転落したのである。それ以降，赤字が続いている。国庫負担率を引き上げること，国庫負担金の繰り延べ・未納をやめることが赤字解消の途である。

次に，薬剤費が高いことである。医療費の20％が薬剤費である。これを先進諸国並みの16％に下げれば約1兆4500億円医療費を削減できる（産業構造審議会新成長政策部会試算）。そして，薬剤費が高いのは薬価，特に新薬が高いからである。

(5) 年金に関しては世代間格差を是正しなければならない。斉藤立滋氏によると[2]，2000年度改正によって，収支均衡年数（拠出金と給付金が等しくなる

---

2) 斉藤立滋「生涯生活権を保障するための公的年金制度」（菊本・松浦・生越編著『成熟社会のライフサイクル』リベルタ出版，2001年所収）。

年数）は1950年生まれの人は改正前の2.0年から改正後に2.1年となりほとんど変わらないが、それ以降生まれの人は悪化していく。1980年生まれの人は3.8年から7.1年になっている。1950年生まれの人に比べて3.4倍である。

　上述の年数は企業負担部分を入れていない。企業は労働者と同じだけの負担をしているので、これを勘案すれば、1950年生まれが4.0年から4.2年に、1980年生まれは7.6年から14.2年になる。

　この格差を是正しないかぎり、年金制度への不満が高まり、それを維持することが困難になるだろう。ところが、政府はこの不満を利用して、給付金が確定している現行制度（確定給付型）に対して、拠出金が確定しており、その資金運用によって給付金が変わる確定拠出型への制度変更をもくろんでいる。この制度にはポータビリティ（勤務先が変わっても拠出金を持っていくことができる）というメリットはあるが、資産運用、つまり株価や債券価格の変動によって給付金は変動するのであるから、この制度は資産選択としては意味があるけれども、退職後の生活保障という点ではきわめて危険なものであり、年金という名に値するかどうか疑わしい。

　(6)　介護については家族、特に女性に負担を押しつけるわけにはいかない。被介護者は家族に介護してもらいたいだろうし、家族もできれば介護したいと思っているだろう。しかし、その条件がなければできない。多くの女性が職業を持っている今日、家族に頼ることはむずかしい。そこから介護の保険制度が生まれたのであり、一定の評価はできる。したがって、介護制度を充実させることが大事である。

　介護に関しては、血縁だけではなく、地域ぐるみで介護するコミュニティやボランティア・システムも重要である。また、知人・友人間で共同の介護や励ましのグループをつくることも有意義である。このような組織に対して行政は積極的に支援していかねばならない。

## 4　雇用の受け皿としての福祉

### 1）　完全雇用政策

　「福祉国家の危機」が叫ばれて久しい。これには二つのことが意味されている。一つは経済成長がダウンし、福祉のために回す財源が乏しくなってきたこ

とである。他は，失業が増え失業手当などの福祉費用が増え財源を圧迫していることである。そして，二つの含意は，結局，財政の破綻であり，「福祉国家」を維持することの困難である。

　経済が低成長になれば，雇用を意識的に創出する政策を実施しないかぎり失業は不可避である。だからこそ，雇用政策を経済政策の根幹に据えなければならない。雇用政策は福祉政策の基本である。

　労働は社会的な接点の場であり，自己実現の場である。人々に働く場を保障しなければならない。それと同時に，労働を嫌悪し社会保障に依存する人をなくすためには，労働自体が自発的で創造的でやりがいのあるものでなければならない。上から押しつけられる独裁的な職場，官僚的な職場ではいけない。

　資本主義経済における労働は一般的に束縛と苦痛をともなう。そこで，「福祉国家」においては，苦痛をともない自由時間を失うが賃金を得るか，働かず社会的扶養を受けるか，どちらかを選択することになる。この際，大多数の人が前者を選ぶような賃金・失業手当比率でなければならない。すなわち，働くことの有利さを賃金・租税制度のなかに組み込まねばならない。その際，低水準の失業手当によって労働を選択させようとすれば，福祉経済は崩壊する。

### 2）雇用創出政策

　長期不況のもとで，わが国は終戦直後をのぞけば，戦後初めてと言っていいほどの失業問題に直面している。「明日があるさ」，いつか仕事は生まれる，とのんきなことを言っていられない。失業は資本主義経済の労働者にとって死を意味する。どうすれば雇用は増えるのか。

#### (1) リストラ規制

　資本主義経済においては，生産手段を所有していない労働者は，労働力を売る以外に生計の途はない。生産手段の所有者は労働者を雇い利潤を獲得する。元来，市場経済，資本主義的市場経済は自由な経済主体者の契約にもとづく取引によって成り立つ経済である。したがって，労働力の販売契約が成立しなくとも仕方がない，というのがもともとの原理であった。しかしそれでは，取引上弱者の立場にある労働者の生命はきわめて危ういものになる。そこから，労働者の長い血の出るような努力によって，取引が成立しない際の社会的扶養システム，成立した後の労働条件に関する保障が生まれたのである。すなわち，

企業の社会的責任として労働者の生活を保障することが社会的に認められるようになったのである。

このような歴史の流れからすれば，リストラは企業の社会的責任を放棄することである。企業は社会的責任を果たさなければならない。企業は単なる私企業ではない。社会的なインフラ整備が行われ，それを利用して企業活動が行われている。低廉な値段で土地を手に入れ，工業用水は優遇料金になっている。道路や港湾など公的な社会資本なしに営業はできない。ここに企業の社会的責任の根拠がある。

したがって，私企業だからリストラ規制はできない，解雇は企業の自由だ，というわけにはいかない。経営が悪くどうしても整理せざるをえないというのならまだしも，大多数の大企業は，不況を利用してリストラを強行しているのである。日本の労働者を解雇しながら，外国に工場をつくり，そこで生産し雇用しているのである。日本企業の外国における雇用数は300万人を優に超えている。

(2) 民間企業の雇用能力を増やす

雇用問題の基本は民間企業の雇用吸収能力にある。景気を安定させ企業が活力を取り戻すことが基本になる。

それでは，どのような産業が有望だろうか。IT産業などの情報通信，シルバーなどの福祉産業，都市再生産業，環境保全産業，住宅修繕産業などが指摘されている。この点についてあまり異存はないだろうが，これら産業の具体的な雇用吸収能力がはっきりしていないのが問題である。いつどれだけの雇用がどこで生まれるかわからないのが実情である。「構造改革」や「規制緩和」や「自由化」による破壊，つまり企業倒産と失業ははっきりしているが，雇用創出は見えてこないのである。「破壊から新しいものが生まれる」とうそぶくわけにはいかない。

福祉に関しては，最近，「福祉産業論」が華やかである。たしかに，不透明ななかで，福祉分野に国民のニーズがあり，そこに雇用拡大の可能性と現実性があることははっきりしている。子育て，教育，介護など雇用の受け皿は福祉にある。

ゴールドプランや介護保険のスタートなどがあって，福祉がカネを生むとい

う考えから，この分野に企業が進出してきている。福祉産業に企業が入ってくることは悪いことではない。公的負担の福祉水準をどの程度にするかは世論に依存するが，福祉のすべてを公的にまかなうわけにはいかない。私的な負担，その意味での市場化は避けられないであろう。しかし，大事なことは，福祉産業は人間に対するサービス，しかも直接に人間の健康や生命，人間性そのものに対するサービスだという点である。安ければよいというものではないし，カネがなければだめというわけにはいかない。あくまでも公的供給が主であり，市場化・企業化は副でなければなるまい。

福祉産業は大量生産となじまない。買い手の個性にあわせなければならない。医療機器を例にとってみよう。大量生産・規格販売を一概に否定しないが，需要者に合わせた機器が必要である。その点からすれば，この分野は需要者のニーズに直接対応する中小企業に有利な産業といえよう。また，ボランティアならびにそこから発展するNPO（非営利組織）などが有望といえよう。

(3) ワークシェアリング

雇用量は次式によって決まる。すなわち，

　　　雇用量＝生産量／労働生産性　　　　　　　　　　　　　　(1)

である。これの変化率をとると，

　　　雇用増加率＝生産増加率（成長率）－労働生産性上昇率　　(2)

が得られる。したがって，雇用が増えるためには，①成長率が伸びる，②労働生産性が低下する必要がある。

②は論外である。むしろ，生産効率の追求こそが資本主義である。IT化などで生産効率が上がると，よほど成長が高くならないかぎり雇用は減少するのである。「構造改革」は生産効率を引き上げようとしているのだから，そのかぎりにおいて失業問題は深刻になる。

となれば，成長が高くなる以外になさそうである。「構造改革」はそれに期待している。しかしながら，今後，日本の成長率はあまり高くならない。せいぜいよくて1～2％ほどであろう。

それでは失業の増加は避けられないのであろうか。よく考えてみると，雇用量は，

　　　雇用量＝1人当たり労働時間×雇用数　　　　　　　　　　(3)

であるから，雇用量の伸び率が低くとも1人当たり労働時間を減らせば雇用数を増やすことができる。もっと端的に言えば，低成長のもとでは労働時間の短縮なしに雇用を増やせないのである。労働を分かちあうことによって失業問題を解決せざるをえない。これがワークシェアリングである。オランダ，フランスなどで行われている政策である。

ところが，わが国においては長時間労働が通常である。サービス残業が大手を振っている。不況を理由にして，賃金コスト削減のために長時間残業が強制されている。この長時間残業をなくすことが急務である。それだけでも雇用は増えるのである。そのうえに（正規）労働時間の短縮によって雇用機会を増やす必要がある。

企業は賃金や福祉費用が高くなることを理由にして，当初，ワークシェアリングに反対していたが，最近では逆手をとって，正規長期労働をパートタイム労働に切り替えることがワークシェアリングであり，それなら賛成だ，という態度に変わりつつある。すなわち，「高給労働者」を低賃金の労働者に替えようとするのである。これはワークシェアリングではなく，単なる労働力流動化政策，労働コスト削減でしかない。

他方，労働者側にもワークシェアリングを行うと受け取り総賃金が下がるから嫌だ，という意見が根強い。だが，労働時間が短縮しても受け取り総賃金が必ず低下するわけではない。フランスでは総賃金が上がったケースもある。

仮に時間当たり賃金は下がらず，むしろ上がっても，受け取り総賃金は下がったとしよう。この場合でも，賃金の絶対水準が低ければ問題だが（この際には，賃上げこそが課題），労働時間の短縮によって得られる「自由時間」を利用して，家族とのふれあいを強くする，地域コミュニティの活動や趣味や学習などを行うことができる。生活の質を向上させることができるのである。日本のような先進資本主義国では，経済力に見合う賃金を実現し，労働時間を短縮することが重要な課題である。生活の質に目を向けなければならない。

なぜ，失業者のことを考えなければならないのか，と思っている労働者がいる。すでに職を確保している労働者にとっては，失業者のためにワークシェアをすることは不利だ，パートタイム労働者に替えられてしまうと思っているのである。しかし，これだけ失業問題が深刻になると，失業問題は他人事ではな

い。いつリストラ解雇されるかわからないのである。労働者がお互いに足を引っ張り合うことは、結局、労働者に不利益とならざるをえない。

ワークシェアの一環として、パートタイム労働者の権利保障が大事である。(ボーナスを含めた)時間当たり賃金や社内福祉などの労働条件を正規労働者と同じにし、単に労働時間が異なるだけという制度を確立しなければならない。オランダではこれによって10％台の失業率を3％に低下させたのである。

(4) 公的雇用の拡大

長期不況のために民間に任せておけば雇用は増えない。それどころか、大量失業が生じる。ワークシェアリングが実現するには時間がかかるだろう。それではどうすればよいのか。政府や自治体が直接に雇用を増やす以外にない。これが公的雇用増である。少なくとも、民間の雇用能力が回復するか、ワークシェアリングが行われるようになるまで、公的雇用保障でしのがねばならない。

ところが、公的雇用増には反対意見がある。むしろ公務員の削減を求める声が強い。「構造改革」などがこの点を主張するのは、公務労働者に対する行財政改革や合理化のためである。公務労働者の賃金コストを減らし、かつ労働強化を行おうとしているのである。これは、かえって失業を増やすことになる。

国民のなかにも公務員削減に共感を覚える人がいる。それは、住民や国民の意見を無視した官僚的なお役人仕事に対する反感からである。公務労働者は、利益団体や圧力団体、議員や「お偉方」に媚びを売るのではなく、住民や国民に対して奉仕すべきである。

それでは公務労働に対するニーズはないのかといえば、そうではない。福祉、教育、環境保全などの公務サービスに対するニーズは高いのである。したがって、この分野に公的雇用を配置すべきである。

次に、ボランティア活動が活発になっている。また、地域に根ざしたNPO活動も活発になっている。その人たちの善意による無償奉仕には限界がある。人は生活しなければならない。おカネがいる。彼らの生活と活動を保障する措置が不可欠である。政府や自治体は協力・支援しなければならない。これによって、失職者を救うことができるのである。

資力はないが、事業を起こしたいと思っている、知恵も情熱もエネルギーも持っている若者がたくさんいる。この人たちの意欲を生かすための支援が公的

になされなければならない。能力と意欲あるものに対して，その活動を保障することは大事な公的活動である。

(5) 地域経済への貢献

どの部門の経済活動も他の部門に波及効果をもたらす。たとえば，福祉産業に1兆円の需要があったとしよう。このとき1兆円の生産と所得，それに応じた雇用が生まれる。この所得は賃金と利潤に配分され，新たな消費需要などを生み出す。そこから再び生産，所得，雇用が生まれる。これがまた需要となり，生産，所得，雇用を生み出す。このような波及効果のことを乗数効果と呼ぶ。

建設業のほうが福祉産業（医療・保険・社会保障）よりも効果的だという意見がある。だが，福祉と建設の波及効果，乗数効果を調べてみると，所得を生み出す全国的なマクロ的な波及効果は両者ともにあまり変わらないが，雇用に対しては福祉のほうが大きいことがいくつかの研究によって知られている。これはそれほどむずかしくはない。福祉のほうが土木よりも労働生産性が低く，したがって，同じ生産には多くの人手がいるからである。

それでは所得と雇用への地域的な波及効果はどうか。これは地域産業連関表を用いて知ることができるが，一つ問題がある。地域産業連関表のなかで大事なものの一つは，ある地域から他の地域へどれだけ財やサービスが出ていったか（移出），逆に入ってきたか（移入）である。現在の産業連関論では，建築物は地域内に建設され，他地域へ移出できないし，他地域から移入もできない，地域内で完全に自給されるとしている。しかし，他地域の企業や人々が現地に入ってきて生産しているし，また，他の地域に出かけて生産してもいる。自給率100%といえないのである。

この点を考慮して，1995年の阪神・淡路大震災で被害を被った地域を対象にして，医療などの福祉と建設の地域経済への波及効果を研究した中谷武氏の業績がある[3]。これによると，生産効果と雇用効果は純流入率（流入－流出）によって変わるが，それがゼロの場合（完全自給），福祉の生産効果は建設の生産効果に対して1.06倍であり，雇用効果は1.40倍である。純流入率が0.6のとき，

---

3) 中谷武「公共投資を大型建設事業から福祉事業へ」（兵庫県震災復興研究センター『大震災いまだ終わらず』2000年所収）。

生産効果は2.64倍，雇用効果は2.32倍である。このように福祉は建設に比べて生産効果も雇用効果も高く，特に地域経済に対して大きな効果を持っている。これは，福祉関連部門には比較的地域に根ざした中小企業が多く，建設部門には街の工務店もあるが巨大な大手ゼネコンが支配し，その影響は全国的であるとともに東京や大阪に経済効果が吸い取られてしまいがちだからである。被災地も巨大ビルが林立しているが，大規模建設能力はなく，震災後の建設需要の多くは大阪や東京の大規模建設会社に発注されたのである。

## 第3節　福祉の国際比較

### 1　福祉の財源問題

少子・高齢社会の到来によって，社会保障への給付と負担は増大している。他方，低成長のゆえに所得も税収も伸び悩み，国民負担率（社会保障負担と租税負担を合計したものを国民所得で割ったもの）は高くなっている。そこから，財政赤字と国民負担率を抑制するためには社会保障を抑制しなければならない，という意見が強まってきた。すでに述べたように，社会保障はすべての国民に対して憲法が保証する権利であるが，その内容は日本の経済力に応じて変わりうるものである。

#### 1)　増大する社会保障費

社会保障給付費は表3-1のように1970年の3兆5000億円から1980年には24兆8000億円，1990年には47兆2000億円，そして1998年には72兆1000億円に増えている。国民所得に占める割合は1970年の5.8％から1980年の12.4％，1990年の

表3-1　種類別社会保障給付費（日本）　　　　　　　　　　　　（単位：億円，％）

| 年度 | 医療 | 年金 | 福祉その他 | 社会保障給付費 | 対前年度伸び率 | 対国民所得比 |
|---|---|---|---|---|---|---|
| 1970 | 20,758 | 8,548 | 5,933 | 35,239 | 22.56 | 5.77 |
| 1974 | 47,208 | 26,781 | 16,280 | 90,270 | 44.23 | 8.03 |
| 1980 | 107,329 | 104,525 | 35,882 | 247,736 | 12.69 | 12.41 |
| 1985 | 142,830 | 168,923 | 45,044 | 356,798 | 6.06 | 13.71 |
| 1990 | 183,795 | 240,420 | 47,989 | 472,203 | 5.21 | 13.66 |
| 1995 | 240,593 | 334,986 | 71,735 | 647,314 | 7.04 | 17.00 |
| 1998 | 254,077 | 384,105 | 83,228 | 721,411 | 3.92 | 19.02 |

資料：国立社会保障・人口問題研究所『社会保障費統計資料集――時系列整備』2001年より作成。

13.7％，1998年の19％と増え続けている。特に1970年代に入ってから急上昇し，「福祉元年」といわれた1974年には対前年比44％であった。それ以降，高齢化とは逆に伸び率は低下傾向を見せ1998年は対前年比3.9％であった。

社会保障給付費が増えるのに応じて国民の負担も増えていく。財源別社会保障収入は表3-2の通りである。被保険者拠出と事業主負担を総計した社会保障負担は，1970年の3兆3000億円（対国民所得比5.4％）から1980年の18兆6000億円（9.4％），1990年の39兆5000億円（11.5％），1998年の55兆円（14.5％）になっている。

租税負担および社会保障負担の国民所得に占める割合（国民負担率）は，1970年24.3％から1980年31.3％，1990年39.2％，1998年37.2％と推移している。

このように，社会保障給付費と国民負担率は増え続けているのだが，これをもって社会保障は高いと言えるのだろうか。

2) 国際的には社会保障費は低い

まず言えることは，成長経済と高齢化社会において一般的に社会保障給付は増えるものである。というのは，経済が成長し1人当たりの所得が増えていくのであるから，年金などの社会保障水準も改善されていくからである。また，高齢化社会においては，医療や年金などの社会保障費は増えざるをえないのである。したがって，社会保障給付が年々増え続けていることをもって「高いこと」の論拠にはできない。

「高い，低い」は相対概念であって，「高い，低い」を証明することはむずかしいが，判断材料の一つは国際比較である。国際的にみて日本の社会保障は高いと言えるだろうか。

表3-3のように，1997年の日本の国民負担率は37.2％であり，ほぼアメリカと同様であるが，イギリスの48.9％（1996年），ドイツの55.9％，フランスの64.6％，スウェーデンの73.2％（1996年）と比べるとかなり低い。

社会保障給付費の対国内総生産（GDP）比を主要国と比べたものが表3-4である。また，対国民所得（NND）比を図示した図3-1を見ると，日本はアメリカとほぼ同じ17～19％であるが，スウェーデン46％，ドイツ38％と比べて低い。

さらに，OECD諸国の総医療費の対GDP比をとると，日本は29ヵ国中の20位にしかすぎないのである。

表 3-2 財源別社会保障収入（日本） (単位：億円，%)

| 年度 | 被保険者拠出 | 事業主負担 | 国庫負担 | 他の公費負担 | 社会保障収入合計 | 合計の対前年度伸び率 |
|---|---|---|---|---|---|---|
| 1970 | 15,558 (2.6) | 17,043 (2.8) | 14,425 (2.4) | 1,995 (0.3) | 54,681 (9.0) | 20.9 |
| 1974 | 37,219 (3.3) | 41,415 (3.7) | 37,238 (3.3) | 5,701 (0.5) | 134,988 (12.0) | 37.5 |
| 1980 | 88,844 (4.5) | 97,394 (4.9) | 97,936 (4.9) | 12,473 (0.6) | 335,258 (16.8) | 12.4 |
| 1985 | 131,583 (5.1) | 144,363 (5.6) | 117,880 (4.5) | 20,179 (0.8) | 485,773 (18.7) | 9.1 |
| 1990 | 184,985 (5.4) | 210,206 (6.1) | 134,559 (3.9) | 27,416 (0.8) | 663,661 (19.2) | 10.0 |
| 1995 | 244,146 (6.4) | 268,075 (7.0) | 165,683 (4.4) | 42,219 (1.1) | 851,245 (22.4) | 7.0 |
| 1998 | 263,288 (6.9) | 286,449 (7.6) | 171,681 (4.5) | 48,201 (1.3) | 892,188 (23.5) | △0.9 |

注：1）（ ）内は対国民所得比。
　　2）社会保障収入合計には資産収入その他が含まれている。
資料：表3-1に同じ。

表 3-3 租税負担率および社会保障負担率の国際比較 (単位：%)

| | | | 1970 | 1980 | 1990 | 1997* |
|---|---|---|---|---|---|---|
| 日本 | 租税負担率 | （A） | 18.9 | 22.2 | 27.8 | 23.4 |
| | 社会保障負担率 | （B） | 5.4 | 9.1 | 11.4 | 13.8 |
| | 国民負担率 | （A＋B） | 24.3 | 31.3 | 39.2 | 37.2 |
| アメリカ | 租税負担率 | （A） | 27.4 | 26.1 | 25.2 | 27.5 |
| | 社会保障負担率 | （B） | 6.2 | 8.5 | 10.0 | 10.1 |
| | 国民負担率 | （A＋B） | 33.6 | 34.6 | 35.2 | 37.6 |
| イギリス | 租税負担率 | （A） | 41.3 | 39.4 | 40.4 | 38.7 |
| | 社会保障負担率 | （B） | 7.8 | 9.7 | 10.2 | 10.2 |
| | 国民負担率 | （A＋B） | 49.1 | 49.1 | 50.6 | 48.9 |
| ドイツ | 租税負担率 | （A） | 29.1 | 32.4 | 29.4 | 29.2 |
| | 社会保障負担率 | （B） | 16.0 | 21.8 | 21.7 | 26.7 |
| | 国民負担率 | （A＋B） | 45.1 | 54.2 | 51.1 | 55.9 |
| フランス | 租税負担率 | （A） | 28.9 | 31.7 | 33.2 | 36.3 |
| | 社会保障負担率 | （B） | 18.2 | 26.0 | 28.4 | 28.3 |
| | 国民負担率 | （A＋B） | 47.1 | 57.7 | 61.6 | 64.6 |
| スウェーデン | 租税負担率 | （A） | 43.5 | 44.5 | 56.7 | 51.0 |
| | 社会保障負担率 | （B） | 11.5 | 19.5 | 21.8 | 22.2 |
| | 国民負担率 | （A＋B） | 55.0 | 64.0 | 78.5 | 73.2 |

資料：財政調査会『平成12年予算の話』。
　＊イギリス，スウェーデンは1996年度である。

**表 3-4　社会保障給付費の対国内総生産比の国際比較**　　　　　　　　　（単位：％）

| 年度 | 日本 | アメリカ | イギリス | ドイツ | フランス | スウェーデン |
|---|---|---|---|---|---|---|
| 1980 | 10.1 | 11.9 | 16.7 | 23.2 | 25.0 | 30.7 |
| 1985 | 11.0 | 12.0 | 17.7 | 23.2 | 27.3 | 29.3 |
| 1990 | 10.8 | 13.3 | 16.4 | 21.5 | 25.1 | 33.2 |
| 1993 | 11.9 |  | 20.8 | 25.3 | 27.9 | 38.5 |
| 1996 | 13.1 | 15.1 |  | 28.2 |  | 33.1 |

資料：「社会保障費　国際比較基礎データ」『海外社会保障情報』No.123。
出所：http://www.ipss.go.jp/Japanese/kyuhuhi-h10/5/No.5.html

**図 3-1　社会保障給付費の対国民所得比の国際比較**

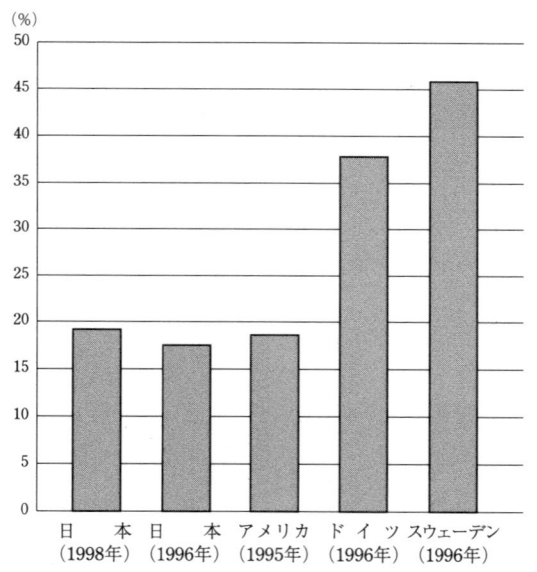

（日本（1998年）約19、日本（1996年）約17.5、アメリカ（1995年）約18.5、ドイツ（1996年）約37.5、スウェーデン（1996年）約45.5）

出所：http://www.ipss.go.jp/Japanese/kyuhuhi-h10/5/No5.html

以上のように，経済成長・高齢化とともに日本の社会保障費は増大してきたが，まだまだヨーロッパ諸国と比べると低い水準でしかない。その意味で日本の社会保障給付費は低いのである。

### 3）公費負担が低い

主体者別の社会保障負担を見よう。負担について言えば，自己負担するか（買薬，個人保険・個人年金，保険なしの自己負担），保険で負担するか（被保険者拠出，事業者負担），公的に負担するか（公費負担）の三つになるから，それに応じて三つのタイプになる。すなわち，第1は自助型であり，個人や家族の負担が大きいタイプである。これは自己負担が大きく社会保障給付比率（社会保障がGDPや国民所得に占める比率）が低い国である。第2は保険（共助）型であり，医療保険など各種の保険制度に依存するタイプである。社会保険負担は被保険者拠出と事業者負担によ

表 3-5 社会保障収入の財源構成別国際比較　　　　　　　　　　　　　　　（単位：％）

| 国　名 | 年　次 | 被保険者拠出 | 事業主負担 | 国庫負担 | 他の公費負担 | 資産収入その他 |
|---|---|---|---|---|---|---|
| スウェーデン | 1983 | 1.0 | 43.8 | 19.6 | 26.4 | 9.3 |
|  | 1989 | 2.8 | 38.0 | 19.5 | 31.3 | 8.5 |
|  | 1993 | 0.9 | 43.0 | 22.1 | 33.9 | 0.1 |
| イギリス | 1983 | 17.9 | 23.9 | 49.8 | 5.8 | 2.6 |
|  | 1989 | 18.1 | 24.9 | 47.8 | 5.2 | 4.0 |
|  | 1993 | 14.0 | 22.7 | 54.7 | 6.3 | 2.3 |
| フランス | 1983 | 21.5 | 50.4 | 24.1 | 1.3 | 2.7 |
|  | 1986 | 23.4 | 50.6 | 21.7 | 1.3 | 3.0 |
|  | 1990 | (81.5) |  | 16.4 |  | 2.1 |
| アメリカ | 1983 | 22.6 | 34.3 | 28.6 | 6.3 | 8.3 |
|  | 1989 | 25.5 | 33.9 | 23.2 | 5.6 | 11.8 |
|  | 1995 | 22.1 | 25.7 | 39.0 |  | 13.1 |
| ドイツ | 1983 | 35.7 | 34.2 | 27.4 | ― | 2.7 |
|  | 1989 | 36.9 | 34.3 | 26.1 | ― | 2.7 |
|  | 1996 | 29.6 | 36.6 | 19.0 | 12.2 | 2.6 |
| 日　本 | 1983 | 26.3 | 28.9 | 26.2 | 3.0 | 15.6 |
|  | 1989 | 27.4 | 31.6 | 20.4 | 3.9 | 16.6 |
|  | 1996 | 29.0 | 31.6 | 19.3 | 5.2 | 15.0 |

資料：ILO, *The Cost of Social Security*, 1988年, 1996年, 2000年。
出所：これは，工藤恒夫「社会保障はどうつくられたか」『経済』2001年12月号，110頁の表1に，最新データを加えたものである。
注：フランスは，1987年以降，被保険者拠出と事業主負担の合計数値のみを推計している。また，フランスの1990年の国庫負担は，特別税収入とその他の移転収入を含んだ数値である。ドイツは，1989年以前は旧西ドイツ，1990年以降は統一ドイツの数値である。アメリカの1996年の国庫負担は，中央政府・地方政府の合計数値である。

って成り立つが，このうち，被保険者拠出の大きな国は，それが保険制度に依存しているという点では共助型であるが，被保険者の負担が大きいという意味では自助型の側面を有している。いわば自助と共助の混合型と言えよう。第3は公助型であり公的負担が大きい。

社会保障給付比率が低く（表3-4，図3-1），また表3-5のように社会保障収入に占める被保険者拠出が大きい日本やアメリカは自助型である。「構造改革」などの新自由主義は社会保障や福祉を攻撃し「自助型」を勧めているが，すでにわが国は立派な自助型の国である。

共助型のモデル国はフランスである。社会保障給付比率は高く，かつ社会保険に依存している。ドイツも日本やアメリカに比べて社会保障給付比率が高く

社会保険依存が大きい。それらの国の社会保障支出は，スウェーデンよりも低いが，日本やアメリカよりは高い福祉国家である。また，フランスは社会保険のなかでも事業者負担が大きい。社会保障は社会保険を中心にすべきだが，労働者の福祉に関しては事業主が責任を持つべきだという考えが定着しているのである。

公助型はスウェーデンなど北欧諸国とイギリスである。スウェーデンの社会保障は最も充実しており，かつ公的負担が大きい。社会保険負担も大きいが，被保険者拠出はきわめて少ない。国民負担率は大きいけれども，現在ならびに将来の生活は公的に保障されているのである。イギリスの社会保障は公費の割合が最も大きいが，スウェーデンに比べて被保険者拠出が高い。

福祉のコストは自助努力，保険制度，公費によって適宜合理的にまかなわれるべきであろうが，日本の場合，経済大国としては公的負担が少なすぎる。アメリカを模倣して自助努力を強制しすぎの感がある。経済が成長し，雇用が保障され所得が増えているときには自助型も成り立つかもしれないが，経済が停滞し雇用不安と将来不安が一般化しているとき，国民生活を自助努力で行えというのは，あまりにもひどすぎる話ではないだろうか。しかも，経済水準が低ければまだしも，世界有数の経済大国であり国民生活を安定保障させうる経済力のある国のとるべき態度ではない。

### 4) 福祉と公共事業

財政支出のなかで社会保障や福祉は他の費用項目と比べて高いであろうか。公共事業費と比べてどうだろうか。

公共事業の突出ぶり，社会保障の低さを示す数字として，「社会保障20兆円，公共事業50兆円」がよく使われている。ここでの公共事業費は行政投資であり，国ならびに地方自治体によるものである。1998年度の公共事業費は47兆円であるが，1995年度は51兆円であった。

これに対して，1998年度の社会保障給付は総計で72兆円であり20兆円ではない，と反論がなされる。たしかに，社会保障給付費は72兆円であるが，国庫ならびに他の公費（地方自治体）からの支出分は22兆円だったのである（表3-2）。社会保障給付の大半は社会保険会計によってまかなわれており，社会保障収入89兆円のうち，財政からの支出つまり公費負担が22兆円でしかないのである。

このように，財政からの社会保障への支出は公共事業への支出と比べて格段に少ないのである。社会保障費を引き上げてもおかしくはない。

　次に，公共事業の50兆円は高いだろうか。国民生活や産業基盤づくりの社会資本・インフラ整備の充実は必要である。日本には公園など緑と憩いの空間が少なく狭い。自動車優先の街，でこぼこだらけの曲がりくねった坂道も多い。住宅は密集し環境的にも安全の面からも好ましくない。また，気軽に使える文化施設や体育施設が少ない。図書館も欧米に比べて貧弱である。これらを充実するために公共事業が必要である。

　だが，無駄で採算の合わない公共事業がいっぱい行われている。その見直しが求められている。ほとんど利用者のない高速道路，大きな釣り堀と化した港，大赤字の空港，環境破壊のダムなどである。アメリカから10年間で640兆円の公共事業を要求され，また，それに利権を持つ政治家や企業の意のままに無駄に公金を使うことは許されることではない。その資金は国民生活を安定させるために，社会保障や福祉の充実に用いるべきである。社会保障は公共事業に比べて少なすぎると言えよう。

## 2　国民の選択

　社会保障・福祉は憲法ですべての国民に保証されている権利である。しかし，権利が保証されているということと，社会保障水準がどの程度になるかは別物である。その水準を決定するのは国民である。社会保障水準が高いにこしたことはないけれども，その水準に見合う負担を誰かがしなければならない。負担と給付にはある種のトレード・オフ関係が存在する。この節ではできるかぎり負担を少なくし，できるかぎり多くの給付を行える社会保障システムがないかを考える。あるいは負担と給付の選択メニューを例示する。

### 1）　社会保障と国民負担率

　社会保障が充実すれば国民負担率は増大する，若者などの現役世代が負担するのであるから彼らは重荷を背負うことになる，したがって，国民負担率を低めるために社会保障を抑制しなければならない，という意見がある。すでに述べたように（表3-3），わが国の国民負担率はヨーロッパ諸国に比べて低いけれども，伸びていることは事実である。それでは国民負担率の上昇は社会保障

負担費の上昇によって生じたのであろうか。社会保障を増やすためには国民負担率を引き上げねばならないのだろうか。

かならずしもそうではない。というのは、国民負担率とは社会保障負担費と租税負担費を合計したものを国民所得で割った値であり、社会保障給付は社会保障負担費と租税から社会保障に移転された分（公的負担分）によってまかなわれているのであるから、仮に国民負担率が一定であっても、社会保障の公的負担分を増やせば社会保障は充実できるのである。さらに言えば、国民負担率を引き下げても社会保障は充実できるのである。租税からの社会保障以外への支出、たとえば無駄な公共事業費を削減すればよいのである。

逆に、社会保障水準が低下しても、公共事業や軍事費などが増え租税負担が大きくなれば、国民負担率は上昇するのである。国民負担率が一定でも租税の使い方によって社会保障の水準は変わりうるのである。さらに、保険者負担のうち、事業者負担を増やせば被保険者の負担は低下し家計の負担は軽くなる。

国民は選択しなければならない。社会保障の水準をどの程度にするのか、被保険者の負担をどれだけにするのか、社会保障の公的負担をどの程度にするのか、社会保障以外の財政支出をどの程度にするのかを決めなければならない。

### 2) 雇用保障

福祉水準を充実しつつ、できるかぎり負担を減らす方法はないだろうか。それは社会保障対象者を減らすことである。第1に、雇用を保障することによって所得保障を行い、失業給付などの社会保障費を削減することである。また、雇用増と所得増によって税収は増大し福祉財源を確保できるのである。これまでの「福祉国家」が完全雇用を政策目的にしてきた理由はここにある。

次に、年金受給資格者の雇用を保障することによって年金給付を減らすことができるかどうかである。その際、勤労所得を得ているものには年金を給付しないとすれば、働かずに年金を受け取るか働いて賃金を受け取るかの選択となり、年金水準が高ければ高いほど年金受給資格者の勤労意欲は損なわれるであろう。雇用によって年金給付額を削減するという政策の効果は小さい。反対に、年金を低くすれば勤労意欲は刺激されるが、生活は不安定になる。

他方、年金と勤労所得の合算額を全額受け取れるならば、年金受給資格者の勤労意欲は高まるが、年金給付額を減らすことはできない。

どうすればよいのか。わが国においては，1937年4月2日以降生まれの65歳から70歳までの人は，老齢厚生年金（報酬比例部分）と勤労所得（標準報酬月額）の合計が37万円を超えるならば，超過分の半分だけ老齢厚生年金はカットされている。老齢基礎年金は全額支給される。たとえば，老齢厚生年金が10万円，勤労所得が37万円ならば，年金は5万円カットされるのである。

このように，年金と勤労所得の合算額が一定の基準額を超えれば年金をカットするという方法は合理的であろう。ただし，①1937年4月2日以前に生まれた世代と以後の世代の間に格差が存在している，②基準額をいくらにするのか，③年金削減率は一律ではなく合算額に応じて逓増にすべきではないか，④給与以外の資産所得をどのように評価すべきか，⑤70歳以上の世代には適用しないのか，といった問題点が残っている。

### 3）　公的負担

誰が負担するかについては，すでに述べた三つのタイプがある。

日本は典型的な自助型である。この考えは徹底されている。1995年の阪神・淡路大震災を例にとろう。大震災によって6000名以上の死者が出た。数十万人の被災者が家を失うなどの被害を受けた。中小企業や零細業者は工場や店舗を失い経営と生活の基盤を失った。被災者の生活と経営の再建，そして地域の再建のために公的な支援を行ってほしいという願いに対して，政府や自治体は「資本主義は私有制であるから自力再建すべきである」と頑なに被災者の願いを踏みにじったのである。

政府に言われるまでもなく，自助・自立を基本とすることを否定する人はいないであろう。しかし大事なことは，国民が自立できる条件を保証することである。憲法は国民が安全に安心して暮らす権利を認めている。この点からすれば，社会保障給付の対国民所得比を引き上げ，公的負担をもっと増やすべきである。少なくとも，基本的な福祉に関しては公的負担にすべきである。

前節で述べたように，社会保障にともなういくつかの問題，たとえば職種や企業によって財政基盤が異なること，専業主婦と共稼ぎ主婦の矛盾などを解決するためにも，また憲法で保証された健康で文化的な生活水準を豊かなものにするためにも，社会保障の基本的な部分は公費負担でなされるのが合理的である。したがって，公費負担の割合を増やす必要がある。

公的負担によって基本的な生活を保障するとしても，それ以上の水準については私費ないしは保険によってまかなわねばならない。日本の場合，公的負担が少ないこともあって社会保険負担が大きい。しかも，事業者負担がイタリアやフランスに比べて少ない。事業者負担には賃金部分と企業の社会的責任の部分が含まれている。賃金カットが実施されている実情を考えると，事業者負担を増やす必要がある。経営が悪化している中小企業に対しては，その負担分を政府が補助すべきである。

### 4）　公的負担の財源問題

　公的負担を増やすとして，その財源をどのように調達するのであろうか。これに対して法人税と高額所得者に対する税率を引き下げ，消費税率を引き上げるべきだという考えがある。これは金持ち優遇の政策であり，累進課税を基本とするわが国財政法の基本理念に反するものである。消費税は逆累進課税であり，低所得者ほど負担が厳しくなるのである。所得の高いもの，支払い能力のあるものからより多くを徴税し，財源に充てるというのが財政法の精神である。特に現在の不況のもとでは消費需要を引き上げることが求められているのであり，消費税率の引き上げは消費需要を低下させ景気を一層悪化させることになる。

　もちろん，法人税率や所得税率には上限がある。その上限を超えるような財政負担をもたらす社会保障給付を行うことを国民が選択するならば，消費税率の引き上げもやむをえないであろう。しかしその際でも，国民の意思を尊重し多面的に歳入，歳出の構造を検討しなければならない。

　消費税を福祉目的税とするならば，この財源を軍事費や公共事業費などに回すことなく国民生活のために用いられるのでよいではないか，という意見がある。この意見はどうか。

　福祉のための財源をあらかじめ確保する必要はあるかもしれないが，そのためには福祉目的税が不可欠であるということにはならない。なぜならば，消費税以外の租税も社会保障の財源になっているからである。福祉の財源を消費税だけにするならば，従来の一般財源から福祉に回されていた部分が福祉以外の支出，たとえば軍事費や公共事業費に充当されることになる。福祉目的税を名目とした公共事業費などのための増税になりかねないのである。

## 3　福祉レジーム

　第二次世界大戦後の資本主義経済は、高度経済成長のもとで完全雇用（低失業率）と社会保障を骨格として成立してきた。そして「福祉国家」がヨーロッパ、特に北欧諸国を中心に成立しつつあった。ところが、1973年の石油ショックをきっかけにして低成長・成熟経済に転換し、ケインズ主義的経済政策から新自由主義経済政策へと移っていった。そして、福祉国家、福祉のあり方が再検討されるようになった。すなわち、どのような福祉レジーム（福祉制度）の類型があるのか、先進資本主義各国はどの類型に位置づけられるのか、どのようなレジームが望ましいのかが論点になっている。

### 1）エスピン-アンデルセンの福祉類型論

　福祉レジームの国際比較についての先駆者であるエスピン-アンデルセンは、福祉レジームを自由主義的モデル、保守主義的（コーポラティック）モデル、社会民主主義的モデルの三つに類型化している[4]。

　彼は、類型化する基準として、第1に、脱商品化指標を用いている。これは、福祉サービスの調達を市場に依存する度合いが強いか弱いかである。強いものが自由主義的である。

　第2に、社会階層指標が用いられている。福祉が特定の階層や職種を対象にしているかどうかである。特定層を対象にするものが保守主義である。

　第3に、福祉サービス供給主体として、市場、家族（組合なども含めて）、国家をあげている。家族や協同組合などを重視するのが保守主義であり、社会民主主義は普遍型・国家供給型である。

　自由主義は市場型であり福祉を普遍的な権利として認めない。福祉は貧困層に対して施される。その代表国はアメリカやカナダなどである。保守主義は職業別社会保険制度を重視する。代表はオーストリア、フランス、ドイツなどである。社会民主主義は福祉を普遍的権利として認める。スウェーデン、デンマークなどである。

　エスピン-アンデルセンは、ともすれば理念類型になりがちな議論を操作可

---

4）G・エスピン-アンデルセン（渡辺雅男・渡辺景子訳）『ポスト工業経済の社会的基礎――市場・福祉国家・家族の政治経済学』（桜井書店、2000年）。

能・定量分析可能な基準にしたがって実証的に類型化しているが，類型化は定量指標によってなされるべきか，定性指標によってなされるべきだろうか。分析を目的にする場合，定量指標は欠かすことができない。しかし，数量による区別はあくまでも量的な違いであり，どの程度の量的違いが定性的違いをもたらすのか明確ではない。区別・類型化を行うためには，まず定性的違いを明確にし，次いで，その定性指標を数量化する努力をなすべきであろう。

エスピン-アンデルセンはいろいろな数量的指標を用いて類型しようとしているが，福祉レジームの質的類型は，結局のところ，福祉供給主体である市場，家族，国家によって区別されているように思われる。これによって3類型に分かれていると言って過言ではあるまい。

この類型分けは興味あるけれども，市場，家族，国家は，どの類型にも存在するものであり，それらのウェイトや用いられ方によってタイプが変わるのである。

### 2）自助・共助・公助

前述の3類型に類似した概念として，前節で述べたような自助，共助，公助がある。震災被災者の生活再建をめぐって展開された論争を例に説明しよう。自助論は自らの力で生活を再建すべきだとするものであり，自立できない貧困層に対しては救貧の社会保障をなせばよいとするのである。共助論は地震保険制度を活用すべきとするものである。公助論は政府が公的支援すべきとするものである。

この分け方も一面的であろう。自助，共助，公助のどれか一つで社会リスクに対応することはできない。また，する必要もない。それらをミックスしなければならない。被災者の生活再建に関して述べれば，自立自助が基本であるが，個人では解決できないことについては保険制度を活用してもよいし，根本的には政府が公的支援をなさねばならないのである。被災者の生活再建は，街や地域を再生するものであり，まさに公的な活動，公共活動なのである。

「自助，共助，公助」論には，公助すなわち政府や地方自治体の公的支援にだけ頼ってはだめだと言うことによって，公助を否定するための弁護論の側面がある。問題は個人の力で再建できない場合にどうすればよいのかであり，政府や地方自治体による公的支援の必要性が問われているのである。

### 3）競争型，裁量型，共生型

それでは，生涯生活のあり方についてどのようなシステムがあるだろうか。それを検討する基準は何だろうか。

それは，①生涯生活権を認めるかどうか，②生涯生活の内容（質と量）に関して国民などの社会構成員が決めることができるのかどうかである。①については第2節で述べたので，ここでは②について述べよう。

生涯生活権が認められたとしても，その内容は時代や経済状況によって異なる。異なるとはいえ，その内容は誰かによって決められているのである。独裁者が決めるのか，一部のエリートや官僚が決めるのか，国民などの社会構成員が決めるのか，いろいろである。決定の仕方が社会経済システムを決めるのである。それが福祉レジームの定性的基準の一つとなる。

二つの基準の組み合わせ方によって三つのタイプに分けることができる。すなわち，①も②も認めない「競争型」，①は認めるが②は認めない「裁量型」（あるいは「請負型」），①も②も認める「共生型」である。

競争型はエスピン-アンデルセンの自由主義型に，裁量型は民主主義が徹底されていない社会民主主義型に対応するであろう。共生型についてエスピン-アンデルセンは述べていないが，社会民主主義を徹底させたものと理解すべきだろう。

競争型は，市場原理にもとづく競争こそが経済の効率と高成長をもたらし失業問題を解決するのであり，生活権が保障されている他人依存のぬるま湯からは発展はない，というものである。そして，競争によって高成長が維持され失業率は低下するのだから福祉の必要性も少なくなる，と言う。もっとも，市場競争によって失業を完全になくすことはできないし，競争に敗北する人たちもいるから，その人たちに対しては福祉施策が実施される。ただし，その施策は人間の普遍的権利として認められたものではなく，ヒューマニズムなどにもとづく「施し」である。したがって，福祉は貧困層に制限され，それゆえに福祉を受けるに値するかどうかの審査（資産や所得）が厳しい。このタイプは新自由主義思想，アメリカ型といえるであろう。

裁量型は，人々の生涯生活権は認めるが，その内容に関する決定権は認めず，経済活動の意思決定と運営は一部のエリートや官僚などの「プロ」に任すほう

がうまくいくというものである。すなわち，一部の人間が国民から意思決定権を受認し，仕事を請け負うのである。彼らが福祉の内容を裁量的に決めるのである。その合理的根拠として，社会構成員全員による決定はできないし，仮にできても非効率だと言う。そして，効率的な運営によって生じた利益を福祉などの生活改善に使えばよいとするのである。ケインズ主義，「福祉国家」がこのタイプである。ソビエトなどの「旧型社会主義」もこのタイプに属するかもしれない。

　共生型は，生涯生活権を普遍的権利として認めるだけではなく，社会構成員の決定権をも認めようとするものである。つまり，現在認められている政治参加権を経済権にまで拡大しようとするものである。国民の経済的要求が選挙などを通じて公機関に反映され実現するかぎりにおいては，現在でも部分的に民主国家において実現しているが，まだ本格的に実現していない。

### 4）　レジームの選択

　成熟経済において競争型，裁量型，共生型をどのように評価すべきだろうか。

　まず競争型はどうか。その主張のように福祉社会はぬるま湯社会であろうか。かならずしもそうではない。健康で文化的な最低限の生活を権利として認めることは，努力する人もしない人もすべて平等である，ということではない。人々は切磋琢磨し，それぞれの能力を発揮し発展させることが大事である。相手を打ち破ることを目的とする競争，勝ちさえすればよいという競争ではなく，共に能力を高めるための競争はいつの時代にも不可欠である。特に21世紀は厳しい自然環境制約のもとにあるから，「ぬるま湯的な生活」は成立しない。未知な世界を切り開く努力が不可欠である。

　また，市場システムを否定することはできない。市場は人々の要求・ニーズを反映させる場である。誰かが中央集権的に決定を行い命令する社会は非効率で非民主的である。

　しかし，競争こそがすべて，市場に任せておけばうまくいく，と考えることは短絡的である。成熟経済のもとでの競争型は安定した国民生活を保障しえない。たとえば，このシステムの場合，雇用が増えるかどうかは高い成長率が実現するかどうかにかかっている。競争型を主張する人は，市場競争によって高成長が可能だと考えているのである。ところが，成熟社会において失業問題を

解決できるほどに成長が高くなるかどうか，きわめて疑わしい。競争や規制緩和によって新しい産業が生まれ，雇用が増えると主張する人たちがいるが，どのような産業がどの程度増えるのか，どの程度雇用が増えるのかは具体的に述べられていない。他方，競争と規制緩和によって確実に倒産する企業や沈滞する産業が生まれてくる。ここから大量の失業者が生まれる。この点を考えてみると，競争型はかえって失業を増加させ，所得格差を増大させる。また，失業対策のための負担も大きくなるので，勤労者の負担が大きくなるか，あるいは福祉レベルが低くなるかの一方，あるいは双方が生じることになる。

　裁量型はどうか。たしかに，社会構成員全体で物事を決めることはむずかしい。何千万人，何億人もいる巨大国家の場合，生活・福祉の内容をみんなで決めることはむずかしい。また，決められたことを執行する際に指揮・指令系統は不可欠であろう。大規模な組織の場合，組織内分業と，指揮するもの・されるものというある種の階層性はなくならないであろう。

　しかしながら，「プロ」による請け負い主義はかならずしも効率的ではない。官僚主義に陥りがちである。人々の意向を無視した独善主義の危険性がある。また，保身や惰性，一部利権集団との癒着によって，無駄な公共事業が強行されるなどの非効率を生み出す。過ちとわかっても，いったん動き出したものを官僚主義や行政主義では止めることはきわめて困難である。責任問題が生じるから過ちを認めない。情報公開と説明責任（アカウンタビリティ）は効率性のためにも不可決である。「下からの」監視と批判が必要である。

　さらに，自らは意思決定に参加せず生活だけが不十分ながら保障される場合，労働意欲を失う人々も生まれてくるだろう。それが経済的な停滞をもたらすとともに，福祉負担が大きくなると，勤労者の不満は増大していく。高成長の場合には所得も税収も増えるので，福祉の向上を実現することはむずかしくなかったかもしれないが，経済が低成長化すれば困難になる。社会不満の増大によってこのタイプの持続はむずかしくなる。

　共生型はどうか。これからの経済は資源・環境などの制約が厳しくなっていく。その際，消費など自らの欲望を抑えざるをえないこともある。また，ゴミの分別，廃棄物規制など，ルールの厳守が求められる。何を抑制するか，誰の欲望を抑制するかについて決める必要がある。それを誰かが専断的に決めるこ

とは人々の不満をもたらす。失敗に陥る。人が自らを抑制するためには自らの認識と納得がいる。それは決定への参加なしに行われない。ここに共生型の根拠がある。

　共生型の根拠についてさらに述べよう。低成長のもとで安全・安心な生活を持続していくためには，人々の不断の努力と創造が不可欠である。そして，創造には自由が不可欠である。すなわち，一定の制約はあるものの，その制約を理解し合意し，そのなかで自由でなくてはならない。命令されるのではなく自主的な行動こそが創造を生み出す。そして，すべての人に自由を保証するためには，相互理解がなければならない。共に活動し共に暮らす共生型生活スタイルにならざるをえないのである。

　たとえば，雇用問題を考えてみよう。労働時間一定のもとで雇用を拡大するためには高成長が必要であるが，成熟社会において高成長は困難である。被雇用者を増やすためにはワークシェアリングが不可欠となる。週40時間労働を週35時間労働にしたとしよう。このとき，総労働時間が変わらないとすれば，ワークシェアリングによって14.5％被雇用者を増やすことができるのである。

5) 共生型システム

　それでは共生型システムは具体的にどのようなものだろうか。それは相互信頼にもとづいた共同決定社会である。重要な事柄は直接・間接に構成員全員で決められる。現在，政治に関しては，形式的な側面はあるが民主的制度によって国民の決定権が認められている。これを生活・経済社会分野に拡大し，実質化するのである。

　共生型システムを確立するためには，現在，存在する組織が有効に活用されなければならない。たとえば，市場は国民の要望を反映する場であり，しかも，情報コストは少なくてすむ。市場システムの問題点は，人々の要望の大きさが彼らの保有する貨幣額によって決められていること，所得や資産の多い人は少ない人よりも要求を反映しやすいことにある。その意味で高額所得者は低額所得者よりも大きな決定権を持っている。したがって，共生システムを成立させるためには，所得分配の不平等を是正する必要がある。そのもとで市場システムは活用される。

　家族は共生システムの重要な組織である。しかし，家父長的な組織や男性中

心組織はもはや成立しない。女性に家事労働や介護などを一方的に押しつけるわけにはいかない。

企業内での人権と民主的な運営が保証されねばならない。一方的な命令や解雇は共生システムと相容れない。

各種組合やボランティア組織など自発的な組織の役割が大きくなる。また，地域コミュニティの形成がなければ自然環境制約のもとで個人を大事にする共生システムは成立しない。

国家の本来の役割は，国民の多面的な能力が発揮できる条件を整備すること，安全・安心なライフサイクルを確立すること，平和・友好・繁栄の国際社会の形成に寄与することにある。この本来の役割を担うことが大切である。

# 第4章
# 自立した地域経済像を求めて

北野正一

## はじめに

　日本経済の現状は富国強兵を掲げた明治以来の中央集権国家の破綻といえ，戦後でいえば護送船団方式と利益誘導型政治とを柱とする政財官の支配体制の破綻といえる。2001年，聖域なき構造改革，体制内革新を掲げた小泉政権が登場し，国民の閉塞打破への期待を受けて驚異的な高支持率を得た。だが以下で見るように，小泉構造改革の内容は，第1に，経済面では市場原理主義を掲げて財界のアジア進出を本格的に支援する国際化であり，第2に，政治面ではこのために米国と協調追随しつつ集権国家を再編強化する，これによる国内矛盾に対してはナショナリズムによって国民を統合する，というものである。これへの対案は国内経済面にとどまることはできず，国際経済関係，およびこれと密接に絡んだ安全保障問題を総合することが必要になる。本章は集権か分権か，あるいは集権化と民主化との対抗軸の観点に立って，その選択を左右する対外関係のあり方，工業化のあり方や進め方をめぐる論点を整理し，今後の展望に繋げる。第1節では日本の集権制の成立，展開，破綻の歴史を分権化・民主化との対抗において概観し，分権日本の根拠や条件を一般的に検討する。第2節では自立した地域経済のつくり方を検討する。第3節ではグローバル・スタンダードとネオ・ナショナリズムに対置する地域連邦主義が個々人にとってどんな意味をもつのか，およびその対外関係はどうなるのかをみる。

## 第1節　もうひとつの構造改革：集権から分権へ

### 1　集権制の成立
#### 1）民族独立

　1868（明治元）年，東アジアが欧米の帝国主義の脅威に曝されるなかで，民族独立を掲げた明治政府は封建政権から平和的に権力を移譲させて国内統一を果たし，強力な中央集権的近代国家の構築に乗り出した。新政権は日本の独立を確保するうえで朝鮮半島への欧米進出の阻止が不可欠として鎖国政策をとる朝鮮政府を批判したが，この対応策をめぐって政府内で対立が生じた。征韓論を唱えたのは，新政府による武士層の特権廃止を阻止しようとして西郷隆盛を擁した層や，政権確立とともに強まった薩長主導に反発する土肥であった。欧米視察帰りの岩倉具視ら内治派はまず国内政治の安定と工業化によって国力を充実すべしと主張し，対外武断派は下野した（1873＝明治6年の政変）。両者の対立は西南戦争（1877＝明治10年）によって軍事面では決着した後，反藩閥・自由民権という政治運動となって現れた。対立が頂点に達した1881（明治14）年，国会の即時開設と英国流の政党政治を主張した大隈重信は政権から追放された。伊藤博文等の多数派の考えは次のようである。日本を独立した近代国家とするためには工業力と軍事力を強化することが急務である。だが，近代戦は工業力の裏づけが不可欠であり，さらに軍事費の負担は農民の反発を招く。他方，大隈らの性急な民主化は国内統一を弱めるし，工業化を遅らせる。まず強力な中央集権国家を樹立し，急速な工業化を先導すべきだ。そこで1889年，君主権の強いプロシャ憲法を範とした帝国憲法を制定した。

　他方，幕府権力を平和的に移譲させた立役者勝海舟は，欧米の脅威に直面する日朝中3国が連帯してこれにあたるべしと主張し，日清戦争にも反対した。自由民権運動の拠点であった土佐立志社の植木枝盛は日本国国憲案220条を起草し，人民の自由権，抵抗権，革命権を謳い，各々が軍隊を持ち，独立した70州の連邦国家を主張した。

#### 2）大日本主義

　自由民権派は運動の柱を藩閥政治批判＝立憲政治と対欧米不平等条約の解消

に置いた。1894年，朝鮮の宗主権をめぐる日・清対立に慎重策をとった伊藤政府に対して自由民権派は軟弱と攻撃し，「内に憲政，外に帝国」をかざすに至った（対外硬派）。封建制批判と実学による個の自立を謳った民権派の旗手福沢諭吉も富国強兵，脱亜入欧を唱えるに至り，「東洋和平の敵，清国を懲らしめる」と煽った。弱肉強食の権力外交の現実世界において欧米の餌食を避けるには自らも弱肉を貪って強者にのし上がる以外にない，ということである。とまどいながら開戦に踏み切り，予想外の快勝と戦果（戦費2億円に対して3億円，GNPの2割）を得，民族意識は鼓吹され，戦争による利益への期待が生まれ，朝鮮半島を利益線と呼ぶ山縣有朋などの国権派が跳梁した。続く日露戦争の勝利は白人不敗の神話を打ち砕き，日本を列強の一角，アジアの盟主とする大日本主義を生み出した。治外法権は対露日英同盟を締結した1902年にようやく撤廃され，関税自主権の回復は日露戦争に勝利し（1905年），韓国を併合（1910年）した翌年までかかった。日本が欧米から政治的に独立したときには，すでにアジアに対して帝国主義となっていた。

### 3） 財政基盤と政党政治

すでに幕末には幕藩体制は財政的に破綻していた。新政府は従来並みの財源を確保するために地租を3％としたが，これは総収入の8割を占めた。だが，「御一新」によって苛税軽減を期待した農民の失望は大きかった。西南戦争によって新政権が動揺すると，政府は地租を2.5％へ引き下げざるをえなかった。ところが日清戦争の勝利はナショナリズムを高揚させた。政権基盤は強まったと判断した政府は軍備増強用として地租4％を提案した。だが地方の反発は強く，自由党と進歩党とは憲政党に合同して反対し，松方正義，伊藤博文の藩閥内閣が相次いで打倒され，遂に最初の政党内閣である隈板（大隈重信・板垣退助）内閣が誕生した。だがこれは主導権争いによってたちまち瓦解した。代わった山縣藩閥内閣は憲政党の基本政策を丸呑みにし，4％を3.3％に引き下げ，5年の時限立法とするなど，譲歩を重ねてようやく可決させた（1898年）。藩閥政治は限界に達し，伊藤は三井三菱の援助を得て地主層の支持を得た自由党系議員を取り込み，教育や産業振興をめざす国家政党を謳う立憲政友会を創設した（1900年）。こうして政党政治化が進み出した。だが，これによる対外軟化や中央権力の弱体化を危惧する山縣らは軍閥や官僚閥を形成し，この国権派と

政党政治との対抗が始まった。地租は引き上げから5年経つともとへ戻された（1903年）。だがその翌年，日露戦争が勃発した。地租は「民族の危機」の前に直ちに5.5％へ引き上げられた。

4) 大正デモクラシー

　経済成長と都市化は労働者，農民，都市中間層などの民主化や都市自治体の力量を高めた。1901年，「貧富の懸隔の打破」，社会主義を謳う社会民主党が結成された。1912年には労働団体友愛会が結成され，1921年には日本労働総同盟に発展した。1912（大正元）年，西園寺公望内閣は軍事費の膨張を懸念する財閥系蔵相の意見を入れ陸相の日韓併合用の師団増強案を拒否した。陸軍が軍部大臣現役武官制を楯に後任を拒否したために倒れ，桂太郎軍閥内閣が後継指名された。これを契機に憲政擁護・閥族打破を掲げた大正デモクラシーが始まった。1914年，民権擁護の旗手として国民的人気を博した大隈政権が成立した。だが大隈重信は第一次世界大戦の勃発によって欧米の手がアジアから離れた空白を利権拡張の好機と見て対華21ヵ条要求を突きつけた。これは中国民衆の抗日運動と，日本の権益独占を恐れるアメリカの批判を引き起こした。大戦末に勃発したロシア革命に対して寺内正毅軍閥内閣は列強とともにシベリアへ干渉出兵した。これは米価急騰と米騒動を引き起こし，ついに元老山縣は陸海外務以外は政党人からなる政党内閣を認め，政友会の平民宰相原敬を登壇させた（1918年）。原は教育改善，産業振興，交通通信，国防充実の4大政綱を掲げ，各政党と市町村とが挙げて要求してきた義務教育費の国家負担を実現した。これは政治が軍事主導から経済的利益の誘導型へ移る端緒となった。大戦後は国際連盟を中心とした軍縮・国際協調が謳われ，1922年にはワシントン海軍軍備制限条約が締結された。日本はシベリア干渉を英米の撤退後も強化したが，国内外の批判によってついに撤退した。また，同年の9ヵ国条約は「中国の主権の保全，門戸開放，機会均等」を決め，日本の軍事侵略を押さえ，中国には市場開放を強い，利権確保の機会は欧米と均等とされた。一連の軍縮に対して国権派は激しく抵抗したが，1920年代の厳しい経済状態のなかで軍備費の軽減を求める世論を背景にして政府はこれを押し切った。1924年には加藤護憲三派内閣が成立し，内閣が倒れた場合には野党第一党が組閣する「憲政の常道」を実現させた。1925年には男子普通選挙を決定し，1928年に実施された。もっとも，民

主化にはつねに「行き過ぎ」への歯止めが併用されたのであり，前者には治安維持法，後者には日本共産党の一斉検挙がなされた。

5) **重化学工業化の頓挫と政党政治の終焉**

第一次世界大戦は軽工業化を達成した日本経済が重化学工業化に乗り出す好機となり，大戦景気はバブルとなって，GNPは大戦前の3倍（150億円）に急増した。重化学工業は資源と輸送によって立地を制約されるために，地方から大都市へと人口と資源の大移動を引き起こした。1919年，人口は6000万人と江戸末期から倍増し，農民人口は8割から初めて5割を割った。人口は明治に入って急増し始めた。松方デフレによって土地を失った零細農民と没落士族への対応を迫られた政府は人口過剰を言い，財界や軍部の商権拡張，海権拡張論を背景として移民政策，植民論を出した。1920年代には社会主義者の産児制限運動が起こるが，財界や軍部は多産を奨励し，100年後には2億の民を喧伝した。1901年，豪は日本人の移民を禁止し，1924年には米国も排日法を可決し，国民は憤激し，大日本主義を強めた。米騒動は台湾米の増産計画となり（1920年），低米価米の流入によって農村はかえって疲弊した。

大戦バブルの反動不況は金融恐慌を引き起こし，政商がらみの救済策のために1920年代を通じて金融危機が頻発した。財界の憲政党と官界の民政党は金本位制復帰という当時のグローバル・スタンダードを引き写しにして不況を激化させ，アメリカからの大恐慌に対して「嵐に雨戸を開く」逆療法をとり，ついに1930年代前半の昭和恐慌に陥った。他方で1920年代に進む中国の民族統一と抗日運動は軍部の焦りを生み，政府の統制を無視して独自の大陸経営策に乗り出した。1930年のロンドン軍縮会議の決定に対して軍部は天皇の統帥権干犯だと批判したが，政府は世論を背景にこれを批准した。だが，浜口雄幸首相は右翼に狙撃された。続く若槻礼次郎首相は内外危機を前に政権を投げ出した。代わった政友会の犬飼毅首相は1932年の5・15事件に倒れ，ここで政党政治に終止符が打たれた。

6) **軍官の統制経済**

軍部による挙国一致内閣の蔵相を務めた高橋是清は金本位制を廃し，赤字国債の発行による積極財政と半値への円切り下げによる輸出増強策をとった。これによってさしもの景気は反転したが，輸出増は欧米のダンピング批判を招き，

第4章　自立した地域経済像を求めて　153

孤立化を深めた。1936年，高橋は好況がインフレに転ずるのを防ぐために軍事予算の抑制方針を出したが，皇道派は蜂起して（2・26事件），これを抑えた統制派は統制経済に乗り出した。1938年，「国防目的達成のため国の全力をもっとも有効に発揮せしむ様，人的物的資源を統制運用する」国家総動員法が制定された。統制経済とは第1に，生産目的を国防とし，そのために資本主義でもなく社会主義でもなく，企業は所有と経営を分離させて民有国営とする。統制の導き手は革新官僚であり，統制手段は行政指導，規制（ルール），財政・資金管理による誘導である。資金の流通ルートを従前の株式市場と社債市場から銀行に切り替え，銀行を1県1行主義によって61行に統合する（護送船団方式の原型）。第2は1940年税制改革であり，税体系は直接税と国税を主体とし，税収は GNP の15％から一挙に20％台へ引き上げられた。国は地方に対して国税の付加方式による地方税，補助金，起債許可権などによって統制する。第3に，戦争目的に向けて国民を統合し動員するために階級融和をはかる。主要なものとして，株主の発言権と配当を抑える，従業員の雇用を安定化させ医療や年金などの福利を整備する，借地借家人の権利を強める，地主の小作料を引き下げる，農村へ財政移転する，など（利益誘導型政治の原型）。

### 7) 戦後改革と高度成長

戦後改革と新憲法によって軍部・内務省・財閥は解体され，労働組合の結成，農地解放，婦人参政権，地方自治権などが確立された。だが，内務省に代わって頂点に立った大蔵省をはじめとする中央官僚制と大銀行は解体されず，戦時統制経済は重化学工業を担う大企業を大蔵省と都市銀行が誘導支援する護送船団方式として再編された。資源と技術の対米依存という国際的枠組みのもとで，重点4産業に資源を集中する傾斜生産方式によって戦後復興を果たした。続いて，欧米を範とし，彼我の競争力格差の解消を基準とした資源の重点配分によって高度経済成長を実現させ，経済的自立を達成した。大企業間の横並びシェア競争と呼ばれた激しい強蓄積がその需要効果と供給効果を通じて中小企業へ，雇用と消費へ，税収と財政支出へと波及し，好循環をもたらした。1940年の租税構造は戦後のシャープ改革の骨抜きによって温存され，中央は主要財源を握り，都市部での高成長による増収を大企業用のインフラ整備に充て，過疎化してゆく地方には政治的支持と引き換えに補助金や交付税を充てる，という利益

誘導型の財政移転メカニズムが定着した。

## 2　集権制の破綻とネオ・ナショナリズムの台頭

高成長終了後の日本経済は目標の達成によって目標を喪失し，保守派は国内派と国際派とに分裂し，激変した内外環境のもとで国民を統合できる新たな目標を設定できず，適応能力を喪失させて破綻した。そのために自民党単独政権が崩れて政治的危機に陥り，国民統合のために新しいナショナリズムが台頭してきた。この過程を簡単に検討し，脱出の方向は地域を主体とした分権化であることを示唆しよう。

### 1）戦後の保守政治

戦後日本の保守派は，党人派と宏池会系との2派に大別できる。党人派は戦前の政友会系の流れを引いた復古主義に立ち，ナショナリズムと軍事重視，反共を共通項とする。宏池会系は官僚を主体とし，「アメリカの軍事的保護のもと，自らは軽武装とし，まず経済復興を優先する」という吉田ドクトリンを奉じた。敗戦，冷戦そして民主化という条件のもとでは，党人派も改憲に失敗して吉田路線へ押し流された。戦後政治は経済成長とその成果の波及と利益誘導を支持基盤とする保守派と，平和と民主主義と生活向上を掲げ労働運動や農民運動によってこれを実現しようとする革新派とが対峙して，賃上げや米価の引き上げ，安全保障と改憲，体制選択などの緊張を孕みながらも保守優位の長期政権が続いた（55年体制）。この政治情勢のもとで財界の重化学工業化を官僚と都市銀行が支える護送船団方式によって高度経済成長を実現した。

1960年代後半のいざなぎ景気は自律反転して1970年不況に入り，対米輸出が急増してニクソン政権を金ドル交換停止＝変動相場制に追い込み，円高局面に移った。明治以降100年，日本はついに重化学工業を確立し，悲願の経済的自立を達成した。円高は資源制約からの解放を意味し，輸出を優先させて国民生活を抑え込む必要から解放されたのである。ここが経済力と国民生活，過密と過疎，公害・環境などのアンバランスを回復する好機だった。すでに1960年代後半に欧米諸国ではポスト経済成長を模索する革新運動が広がっていたが，日本では福祉や公害や賃上げなどの生活要求を掲げた革新自治体運動が全国の大都市を席巻した。

だが，不況のなかでの円高という初めての事態におののく1972年，日本列島改造論を掲げた田中角栄が登壇し，北海道と九州南端に大規模工業基地を建設して高速交通網で全国を接続させる，というもう一段の経済成長策を打ち出した。ここで公共投資の性格が，先行する民需を後追い的に整備する型から，インフラの先行整備によって民間を呼び込む型へ変化した。そこを２度の石油危機とスタグフレーションに襲われた。財界は省エネ・人件費削減の減量経営策に出，重化学工業にMEを組み込んだ軽薄短小型へ柔軟に高度化させ始めた。当初，政府は革新派に対抗するために福祉元年（福田赳夫首相，1975年）を打ち出したが，不況の深化と革新派の後退とともに不況対策として成長誘導型，さらには展望なきまま需要下支え型の公共投資を本格化させた。

### 2） 大国主義とナショナリズムの台頭

　第二次石油危機が勃発した1980年，大蔵省は英米に台頭した新自由主義を取り入れて財政危機を宣言し，臨時財政制度調査会を発足させた。調査会は，日本は経済大国になった，国民は豊かになった，福祉は自助互助だ，課題は財政再建だ，方向は国際化・自由化だと主張した（1981年）。ここで財界は国内派と国際派とにはっきりと分裂し，内需に依存した国内派はなおも成長を追求した。輸出さらには海外生産による対外拡張策に切り替えた国際派は国内の成長策を抑え，国際化への構造転換に乗り出した。保守派が共通路線とした吉田ドクトリンは戦後の枠組みの転換によって崩れ去った。すなわち，目標とした経済復興は超過達成して経済大国となり，大国主義をイデオロギーの基調に据えた。米国の優位が崩れ，経済摩擦と対日巻き返し策に対する国民の反発が生まれる一方で，東アジアの工業化が進み，大企業の海外生産が本格化した。1970年代末葉からは米の軍事的肩代わり要求が強まり，1980年代末には冷戦が崩壊した。宏池会にとって代わった田中派は地方への公共投資を柱とする成長策と日中国交回復に象徴される対アジア軽武装協調路線をとり，地方の支持を取り付けて最大派閥にのし上がった。他方，日中国交回復に反対して親台反共を掲げる青嵐会が出現し，1982年には伝統的ナショナリストの中曽根康弘が戦後政治の総決算を掲げて首相となり，靖国神社公式参拝を強行して周辺国の批判を招き，防衛費のGNP１％枠を外した。バブルのなかで大国主義が広がり，石原慎太郎らの対米自立派や，小沢一郎らの国際貢献を掲げたナショナリストが

台頭した。ソ連の崩壊による冷戦の終焉，およびバブルが崩れて政治腐敗や矛盾が噴出した1993年，自民党は分裂して細川7派連立内閣が出現し，保守2大政党化をねらう小選挙区制の導入，過去の侵略への反省，コメ自由化などが打ち出され，戦後政治との決別が鮮明になった。

　ところで，1980年代初頭の緊縮財政と消費抑制は激烈な対米貿易摩擦を引き起こし，強いアメリカの復興を掲げたレーガン政権は対日巻き返し戦略に出た。米資本が対日進出できるように円転規制を撤廃し（1984年），自由化と構造調整を進めさせる。続く1985年9月のプラザ合意によって，日本に対米輸出を抑え世界景気を牽引させる機関車役を果たさせる（内需拡大）。この外圧を利用して，国内派は地方へのリゾートやテクノポリスと高速交通網などの公共投資策を打ち上げた。国際派は東京を国際金融センターにすると称して都市中枢管理用の再開発を打ち上げた。両者の競争は超金融緩和と四全総となり，ついに公共投資計画は10年間630兆円の規模に達し，バブルを発生させた。円高とバブル破綻は国際派に海外生産を本格化させ，それによる不況深化は国内派に公共投資を濫発させた。ついに1995年，大蔵省は金融システムの健全化および財政危機を宣言し，財界も日本的雇用形態の放棄を宣言して本格リストラに乗り出した。1996年，政府は新自由主義をグローバル・スタンダードと称して本格採用し，緊縮財政と金融ビッグバンを柱とする構造改革を打ち出した。だがこれは大量失業を生むだけでなく，保守基盤である大企業の安定雇用層と農業や中小商工業者などを直撃し，利益誘導型の保守支配を危機に陥れる。そこで新旧のナショナリストは総結集し，「新しい歴史教科書を作る会」を発足させて，新しいナショナリズムによる国民統合に乗り出した。1997年末にはついに金融危機が勃発した。政府は銀行への公金注入によってこれを凌ぎ，超金融緩和と公共投資の濫発，ITブームを煽って危機脱出をはかった。1999年には周辺事態法，国旗国歌法を一挙に通し，改憲をねらう憲法調査会を設置した。2000年，ITブームが本家アメリカのブーム崩壊で弾け，財政破綻もきわまった。2001年4月，閉塞打破への国民の期待を受けて小泉政権が登場し，一方では構造改革なくして景気回復なしという国際派の緊縮・構造改革路線，他方では改憲，集団的自衛権の見なおし，靖国神社公式参拝などのナショナリズムの煽動，この両者をセットにした強行突破策に出た。2001年9月11日のニューヨークでの

テロ事件をアメリカへの挑戦としたブッシュ政権は一気に軍事解決を打ち出し，小泉政権もテロ対策特別措置法を通し，米軍支援用に自衛隊を中東へ派遣させた。ウォーラーシュテインは警告する，「このテロは反グローバリゼーションのうねりの一端。米国金融界がテロの対象になったのはグローバル化した市場経済や多国籍企業が途上国から搾取した富の象徴と見られているからだ。今後20年間ほどは市場経済に対する怒りや無力感が顕著になり，混乱や不安が増幅されよう」[1]。経済面においては，展望なき従来型の引き締め策は国内外の一層の不況と金融危機を深化させた。追い詰められた政権は，銀行への公金注入の濫発，さらには超金融緩和によるインフレ策も辞さない構えである。実際，国際路線は次のような幾重にも重なり絡みあう構造的な矛盾を内包しており，展望なきまま国民に耐えがたい痛みを強いている。

(1) 大企業のリストラと海外生産による内需停滞，輸入増と不況，失業と中小自営業の経営難。
(2) 金融危機：銀行の信用不安と貸出抑制，個人貯蓄の不安定化，インフレ懸念，為替の不安定化。
(3) 地方の苦境：地場産地の苦境，企業城下町の衰退，農林漁業の衰退，地方財政の悪化。
(4) 中央政府の財政破綻：福祉と公共投資の抑制，大衆課税，国債暴落の危機。
(5) 米に追随した軍事強化と中韓をはじめとするアジア諸国の警戒と反発。

それでは，集権制の破綻と一連の矛盾に対してどんな展望を対置できるのだろうか？

## 3 分権の歴史

### 1) 江戸と明治

集権制は行き詰ったが，分権の条件，芽はどうだろうか。これを歴史的に見てみよう。中国を模倣して6世紀に成立した古代天皇制＝集権国家は時とともに崩れ，鎌倉の武士政権は地域を分割支配する武士団の連合政権であった。戦

---

[1] 『朝日新聞』2001年9月16日付。

国期には下克上の嵐のなかで武装した村落共同体が確立した。江戸政権とは200余の藩＝地域が独立性を保ちつつ，幕府が緩やかに統合する分権社会であった。藩は，自立経営単位としての小家族の合議によって自主運営される村落からなる農村を基盤とし，兵農分離によってつくられた政治都市は商工業の発展によって商業都市化してゆき，農村を含めた地域市場が成立した。全国的には幕藩制のもとで国内統一市場が成立し，地域経済圏は自立性を保ちつつその一翼に組み込まれた。江戸中期以降，人口増は停止し生活水準は向上し，幕藩財政は逼迫してきた。各藩は藩制改革や殖産政策に努め，幕末にはこれに成功した雄藩が窮迫した幕府を倒し，明治集権制を打ち立てた。欧米の脅威に対する日韓中3国の対応を生物学的進化の観点から比較してみよう。強固な集権制をとった中韓の場合は，既得権維持への強い統制力が働くために，外圧への対応力を弱めた。集権制であっても危機意識を抱いたトップ層が上から強力に変革する可能性はあるが，変革の方針を誤ると破綻をきたすために，リーダーシップの条件が整うのは容易ではない。これに対して幕藩制の日本の場合，分権制であるため各藩の多様で素早い対応を生み出した。他方で経済的政治的な統合メカニズムが存在したために，多様な試行のなかから生まれた成功例がたちまち伝播し，模倣され，方向について合意を形成し，分権に乗じた外国の分断支配の危険を回避し，政権の移行と統一を成し遂げた，といえる。この明治維新は外圧のもとでの分権の集権化であった。この集権が内部矛盾によって閉塞に陥った現在，自治体（部分）が自己革新し，模倣によって多数派を形成し，分権を基礎にした統合へ転換することが示唆される。

　明治政府は国内統一市場を与件とすることができ，欧州を範として所有等の制度化や幹線インフラの整備などの統一市場の育成策をとった。だが各地域経済圏においては在来産業が地元資源と在来技術をもとにして発展し，移入技術も積極的に消化した。工業化の初期においては円安基調のもとで輸出品が生糸や特産品などの在来産業となるために，貿易も地域産業の発展に貢献した。鉄道や通信などのインフラ整備についても，各地域は自らの民力を基礎として独自に地域インフラを整備し，全国を網羅した稠密な鉄道網を形成した。工業化によって労働力や資金などの資源は農村から都市へ移転し，都市と農村との不均等発展は生じたが，これも各地域内における都市と農村の移動が主であり，

各地域は比較的均等に発展して自立性を保持した。日本の農業生産も工業には立ち遅れたものの，高度成長期までの100年間は世界一の増加率を誇ったのである。

2) 大正デモクラシーの挫折

日本政府は日露戦争に辛勝したものの賠償金も取れず，膨大な債務を抱えて緊縮策に追い込まれた。これに対して戦後経営を担ったのは大都市や市町村の地方政府であった。地方政府は都市化にともなう都市問題の打開を迫られたが，財源が中央に集中したもとで，市電・電気・水道などの公営事業の経営によって収益をあげ，外債まで発行し，このなかで行政能力を高めていった。また中央政府に対して義務教育費の国庫負担や税源移譲を求めて全国市町村会を結成した。これは大正デモクラシーを支える一翼を担った。大戦ブームを契機とする重化学工業化は同時に大都市化を一挙に加速させ，その対極に農村を疲弊させ，大都市圏と農村との格差を拡大させた。農村を基盤とする政友会は全国市町村会と連携して地方重課の軽減，自主財源確保を要求した。その結果，1920年の税制改革は国税所得税の引き上げが中心となり，中央政府の財源に占めるそのシェアは10％から20％へ倍増した。ここで中央政府の税源が農村から都市へシフトしたのである。さらに1922年，臨時財政経済調査会は地方自治を拡大するために地租と営業税とを地方税とする両税委譲を答申し，政友会と民権派の革新クラブはこれに賛成した。だが，自らの財源基盤を弱め地方自治を恐れる中央官僚の民政党と，自らの税負担を懸念する財界の憲政会とが反対した。1929年，政友会の田中義一内閣は両税委譲を衆議院で可決させたが，大恐慌のなかで貴族院が流産させてしまった。その背景には，都市は膨張する経済力と財政需要のもとで自主財源を求めたのに対して，疲弊の進む農村は財源増よりは重税の軽減を優先させたという事情があり，1923年から義務教育国庫負担金が増額されてゆくにつれて税制改革への熱を冷ましていった[2]。昭和恐慌の渦中の1932年，高橋蔵相は積極財政策をとり，第1に軍事費を，第2に地方救済用の公共事業を増加させ，不況を好況に反転させることに成功した。こうして

---

2) 宮入興一「日本の地方自治と地方財政」（宮本憲一ほか編『セミナー現代地方財政』勁草書房，2000年所収）。

地方は脆弱化する自主財源を確保するよりも，担税力の大きな都市の財源をいったん中央へ集中させ，これを補助金の形で引き出す途を選んだ。戦時下の1940年の税制改革は国税に占める所得税の割合を4割に倍増させ，図4-1のような利益誘導型政治を確立させた。

図4-1　中央，都市と農村の間の資金の流れ

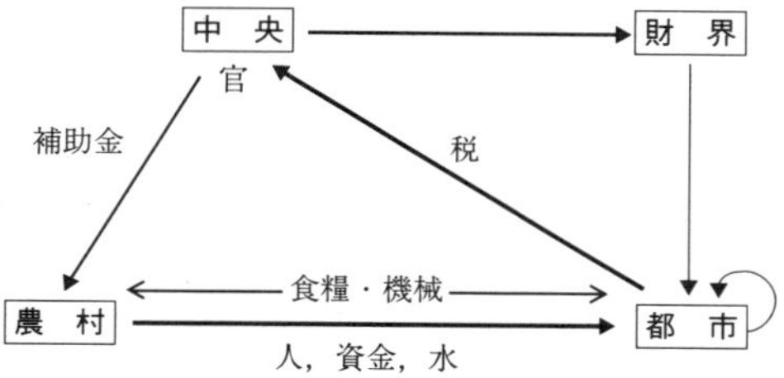

### 3）革新自治体の教訓

　高度成長末期の1960年代末から70年代中葉において全国の大都市を席巻した革新自治体は，高度成長の矛盾である公害や立ち遅れた福祉を住民運動や労働運動などによって打開するものであり，1970年の公害対策基本法の制定，1975年の福田内閣の福祉元年宣言と老人福祉予算増など画期的な成果をあげた。だが，この運動は不況による雇用の動揺と財政難のもとでの福祉バラマキ批判によって急速に後退した。そこで，この教訓を整理しておく。

　第1は，福祉と経済との関係である。経済成長によって大企業は利益をあげたが，革新派はこれを賃金と福祉に還元せよと主張し，好況のなかで成果をあげた。だが不況で利潤が減ると，経済再建あっての賃上げだ，福祉だと批判され，後退した。経済再建とは成長の復活であるとし，田中角栄の列島改造論が出された。成長が中断した理由はドル・ショックやオイル・ショックなど外因だ（「油断大敵」堺屋太一），国難打開のために国民は要求を自粛して成長軌道に戻そうと煽られた。現在から振り返れば，当時はすでに国際競争力も超過達成していたにもかかわらず，賃金や福祉を抑えて投資や公共投資や対米輸出を増やしたために，大企業は構造的な過剰供給に陥り，消費や中小自営業の投資や財政によって内需を制御する力を持たず，現状を招いたと言える。したがって打開策は，大企業の過剰投資を抑え，必要で可能な需要を増やすことによって需給バランスを回復させることである。福祉充実は必要だが財政難のなかで工夫を求められ，カネ余りのなかでは中小自営業の投資やそのための公共投資によってカネを生み出す工夫が求められる（第2節参照）。

第2に，不況と財政難を打開できるのはカネとチエを持った中央だ，知事は「中央直結」だ，学者や弁護士は力不足だ，と批判された。戦前の高橋財政に発する放漫財政を抑えるために財政法4条で国債発行を禁止し，地方自治体は財政規律を守れないとして起債は中央の許可とされた。だが，経済自立を達成した1965年，不況脱出のために建設国債の発行を可能とした（福田大蔵大臣）。公共投資用の建設国債なら後世に役立つ資産が残るから，負担を求めても不公平でないと合理化したのである。その結果，利益誘導型政治の原資が都市から国債へ広げられ，都市の成長が止まると国債依存に陥り，財政を破綻させた。田中派の「公共投資による景気回復」が破綻するのに30年を要した。その反動は小泉首相の「構造改革なくして景気回復なし」となり，中央官僚は「抵抗勢力」として批判の対象に変わった。この打開策はカネもチエも尽き危険がいっぱいの集権制から，チエを持ちカネを生み出す地域経済主導の分権制への転換である。

　第3に，中央政府は革新自治体が進出するほど都市と地方を分断させ，地方を利益誘導によって取り込み，都市と対立させた。都市の過密を抑制するとして工場等立地制限3法を制定し，都市中心部が空洞化し始めても地方はその廃止に反対した（2002年に廃止見込み）。1977年，三全総は田園都市構想を掲げ，工場誘致による地方開発を煽った。革新首長会は自治体への権限と財源の移譲を求めたが，地方の自治体の反対にあって実現できなかった。集権制が破綻したいま，都市と農村が地域内で補完しあって連帯し，この力で分権制に切り替えるのが方向だ。

　第4に，都市経営の展開である。既述のように日露戦後経営を主導したのは都市の自治体であり，一方では公営事業の経営により自主財源を捻出しながら，他方で中央政府に税源移譲を迫った。戦後，都市経営を最も体系的に実施したのは神戸港の経営を基点として「山海へゆく」の神戸市であり，1981年のポートアイランド博覧会がその頂点だった。都市経営を担った都市官僚層は自治体革新の高まりを前に革新派と妥協し，「脆弱な産業基盤と税源の中央集中とのもとで，開発で稼いで福祉に回す市民主体の革新市政」を標榜した。革新自治体は不況と財政赤字によって後退したが，ひとり神戸革新市政だけが黒字を確保し，福祉と革新の旗を掲げ，自治体の潜在的な可能性を示した。

だが，都市経営の成功の自信が開発を土地から観光・サービス・イベントへ広げ，折からの政府の地方公共投資誘導策にも便乗して規模を拡大させたため，バブルの崩壊を機に苦境に陥り，震災による危機を口実に空港建設という起死回生策に出た。開発が福祉を支えるという錦の御旗はかえって開発による公害や開発の行き過ぎを抑えるチェック機能を麻痺させてしまい，自主財源の確保も団体自治の確立にとどまり，住民自治を進める障害になった。開発が市民ニーズを超えて拡大すると，市外から顧客を呼び込む都市セールスが市の関心となった。だが，神戸市の誘致策は周辺都市の反発と対抗的模倣を生み出し，顧客を争奪しあう都市間競争に陥り，その結末は供給過剰による共倒れだった。都市経営は「脆弱な産業基盤」の立て直し抜きに持続できず，大企業が市外へ流出するなかでは地域に根を張った中小自営業への産業政策との統合，地域型金融機関とのパートナーシップが要請される（第5節参照）。

　第5に，自治体革新の位置づけである。当時の革新勢力は大都市に革新自治体を建設し，これによって中央政府を包囲して国政を革新するという戦略を描いていた。自治体の革新は全国の革新のためのステップであり，全体の革新なしに部分＝自治体の真の革新もありえない，と考えていたのである。その結果，革新首長会は神戸市のような都市経営による自力更生を重視する少数派と，中央を批判し財源移譲を重視する多数派とが対立した。すでに民族自立の課題も経済的自立の課題も超過達成し，大企業が定型量産型製造業をグローバルに展開させた結果として集権制が破綻したいま，住民が自己の存立と社会的決定権を確立するための基盤として地域と自治体の革新が求められている。地域と中央の関係は中央あっての地域でも，車の両輪でもなく，地域を基礎とした中央という連邦型が求められているのである。たしかに中央の革新抜きに地域自治は完成しないが，逆に地域の革新抜きには中央の革新も実現できないし，仮に中央に革新政権ができたならば，その政策の中心は地域の自立支援となる。

## 第2節　地域の産業像

　集権制に代わる分権性を支える地域の産業像はいかなるものだろうか。まず，自立した地域を定義しておこう。さしあたりその目標は，各地域の資源と決定

力を結合させて，地域が企業にとっての単なる取り替え可能な場所の提供役から，産業，生活，文化，環境を統合し，個性ある自己を創造するメカニズムをもつ地域となること，中央を頂点とする空間的な縦秩序を自立した地域間の横秩序へ再編すること，と言える。そのための条件や実現策を検討しよう。

　最初に21世紀の産業像を展望するために，明治以降の工業化を市場経済の循環的成長という動態的な発展メカニズムから見よう。好況期に蓄積された過剰資本は不況によって整理され，新たな好況の条件が整備される。この循環的不況によっては解決できない構造上の矛盾が現れると構造不況の局面に入り，構造転換にともなう生みの苦しみが現れる。工業化と国際対応を同時に迫られた明治維新期，重化学工業へ移行するなかで国際路線を問われた1920年代，経済的自立に成功して変動相場制に移った1970年前後はいずれもこの構造転換局面であった。だが，1970年代の構造転換局面ではついに政治的経済的自立が達成され，それゆえに大企業に利潤機会を創出して投資を誘導し，その滴り効果に期待するという従来方式からの転換が迫られた。だが，従来型の大企業優遇が続いたために，ついには大企業の機会の枯渇，少ない機会への過大投資，利益の内部化と投資抑制による過剰資金，リストラと海外投資などによって現苦境に至った。したがって，打開の方向は次のようになる。中小自営業に利潤機会を提供し，NPO（非営利企業）等には事業機会を提供して，その投資を誘導する。大企業の優遇を廃し，その利益を労働者や関連企業や公共へ還元させ，生産的で円滑な資金循環を復活させる，など。

　他方で，「危機」とは文字通り危険とともに機会をも生み出す。地域と自治体は中央政府の破綻によって自助を強要され，転換の途を模索している。地域産業も長期不況と空洞化の危機にさらされ，転換を迫られている。大企業はリストラによって人材や技術を流出させる。一流大学や一流企業という縦の価値観が崩れ，次世代型の地域集積型中小企業や農業などに関心が集まり，人材が供給される。大企業の海外生産は円安をもたらし，在来産業は比較優位となる。

　そこで各地域が依拠すべき産業を見出すための手法を提案しよう。一方で現状および今後の地域と域外に起こってくるニーズを発見し，他方で各地域の資源賦存を踏まえて発展性のあるシーズを発見し，この両者を効果的に結合する産業，企業，組織の形態は何か，そのための条件は何か，と考えるのである。

## 1　ニーズとシーズの発見

### 1）　ニーズ＝需要

#### 投資需要

　資金過剰を打開するには投資需要の誘導が重要だ。大企業はすでに投資過剰であり、投資機会も枯渇しており、自力開発能力も持っている。したがって大企業の投資の誘導策はすでに失敗してきたし、不公平でもある。これまで放置されてきた中小自営業は従来型の近代化投資の余地も多く、以下で述べる消費需要や今後の新需要に対応するための既存設備の改善や新しい事業化のための投資が見込める。また、自立した農業を再建するための投資も大きい。こうした見通しに立って企業に必要な条件を見直せば、自治体に要請されるインフラ投資も見えてくる。

#### 消費需要

　経済活動の目的は多様な消費の適性水準・高品質・安定的な充足であり、そのために国民の購買力を高める制度改革が重要だ。さて消費の量的飽和が言われるいま、ニーズの高品質化や個性化に対応することが重要だ。たとえば、あとで例示される神戸のケミカルシューズ業界の場合を見られたい。

#### 新規需要

　高度成長期には通産省は10年ごとに次の産業構造ビジョンを出し、大企業の投資を誘導したが、ついに1980年代のビジョンを打ち出すことができなくなり、財界は国際化を言い出した。1985年のプラザ合意で内需拡大を迫られた政府は地方にはリゾートとテクノポリスを、東京には国際金融センター用の都市再開発を打ち出し、バブルを招いた。不良債権処理など構造改革に乗り出した1995年、政府は今後成長を見込める15分野として介護・環境・情報・都市整備などをあげた。このなかで唯一本核的に取り組んだのは情報であったが、このやり方はITバブルに終わった。大企業の投資を誘導するという従来型ではこれらの投資を誘導できなかったのである。その理由は需要が少ないからではなく、大企業にとっては有効（十分儲かる）とはなりにくい性格であったからであり、それゆえにこそこれまで未充足のまま放置されてきたのである。これらは中小自営業やNPOに適しているが、需要を顕在化させるには基盤整備や仕組みの革新が必要となる。以下、これを検討しよう。

情　報：　2001年，小泉内閣は従来型の公共投資を抑制しつつIT化によって構造改革するとして光ファイバーなどの情報基盤を全国に整備した。だがその投資規模は数兆円にすぎず，道路など従来型に比して規模が小さすぎる，即効性がないとして批判され，結局従来型の公共投資が幅を利かした。情報化に必要な投資の内容が従来型のハードではなくて，これを開発し利用する人に対する教育や訓練に変わったのである。情報化を自前で推進できる大企業でなく，さまざまな障害を抱えた中小自営業者にきめ細かく対応すべきなのである。情報化をリストラの梃子にするといった魂胆では従業員は動機づかず，その潜在力を発揮できない。事業の高度化や労働時間短縮の武器として情報化を位置づけたり，地域コミュニティの形成や都市と農村との間の交流や世界との交流の武器としてどう使えるかという夢を抜きにしては，灰色の情報化に終わる。

介　護：　3項で述べるが，現政府の介護政策は予算不足と不況対策色とが濃く，施設偏重，かつ民間事業者を誘導しようとしているが，予算の節約によって不十分となった。介護需要に応え，高質かつ低費用とするためには，NPOや地域コミュニティの支援が不可欠であるが，これは行政姿勢を地域密着型に転換することなしに実現できない。

環　境：　公害防止の障害は技術面ではなく，費用負担の増す産業界の主張や反対を押し切るだけの政治力の不足だ。これ以上環境を破壊させず修復するためには，開発を推進する産業界を抑えるだけの政治力が必要だ。環境先進国の欧州に進出した日本企業は厳しい環境基準を満たしながら，日本ではこれを手抜きする原因は，市民の政治力の差である（第3節参照）。

街づくり：　従来型の街づくりとは，第1に，郊外ニュータウンの開発分譲であるが，これは量的にも住宅個数が世帯数を2割も上回るに至り，地域コミュニティを欠くために魅力を失った。第2は，都市部における駅前等の再開発や区画整理である。その手法は事業によって地価が上昇することを前提して住民に減歩という土地提供を課して自動車道路を広げ，高層化によって保留床を売却して事業費を捻出するというものであり，地価崩壊と供給過剰によって破綻した。事業内容から見ても，高層ビルの中心部に中央の流通大手を中核テナントとして呼び込むという全国画一パターンであり，魅力を失った。地域の歴史的個性を前近代的だとして消し去り，地元の大半の事業者を蹴散らして，全

国の都市を東京の末端に位置づける現方式は破綻した。阪神大震災では既成市街地の密集地に倒壊と火災と死傷者が集中したのをうけ，住宅は生命や健康など基本的人権にかかわる以上，住宅権を確立すべきだ，と主張された。政府と追随する自治体は震災直後に区画整理と再開発事業を打ち出し，公害道路（国道43号線）を倒壊原因すら隠したまま解体し，直ちに再建した。だが，住宅は個人の財産だとして，住宅再建への公的支援を拒否した。地震列島日本の国民の不安は高く，1983年の新耐震基準を満たさない家屋が1500万戸にのぼる。たとえば，この修理改修に1戸当り300万円の助成をし，個人が700万円の支出をするとすれば，これだけで総額150兆円，現在の住宅投資の6年分となる。個人の住宅改修を地域の街づくりのなかに位置づけ，自治体がコミュニティを再建する基盤を整備する。建設を担うのは地域に居住する中小の建築事業者とすれば，地域の仕事おこしとなり，事業者は街づくりプランナーへ成長する。

2）シーズの発見

シーズとは各地域が保有する自然・生態系・歴史，産業・インフラ・文化，そして人材などの資源を産業化する潜在的な能力のことをいう。見直すべき遺産としては，江戸期まで存在した地域経済と社会，明治期の内発的発展とそれを引き継ぐ地場・伝統産業，変動相場制までは発展してきた農業，そして地域を下支えしてきた地域型銀行などである。

すでに重化学工業化を終えて定型量産型は海外へ流出している現在，残った既存の工業力を高度化しつつ，さらにサービスや情報や一次産業へと活用するためのシーズを発見することが課題である。そのために，一般に言われる経済的な利益源泉を次の6項目に整理し，この角度から見てみよう。

(1) 自主性

定型化され量産できる仕事は海外へ流出する以上，日本で産業化できる仕事は改善にしろ革新にしろ，発見にしろ発明にしろ，改革にしろ，個人と集団が自主的に努力を傾けて学習し創造するタイプが基本となる。したがって，個人の自主性を発揮させる企業や産業の組織形態が重要となる。大企業においては，多数者が単一工程において大規模な機械や装置によって協働したり，関連する複数の工程を多数者が協働する。この場合，各構成員の創造性・自発性を発揮させつつこれを組織目的に統合する仕組み（役割分担，資源や権限や責任の配

分，成果の分配）がむずかしい課題となる。他方，「第三のイタリア」を例としてピオリとセーブルは地域集積型産業が持つ柔軟な特化（flexible specialization）のメリットを指摘した[3]。1980年代以降，米では従来の垂直統合型大企業がリストラされ，専門特化企業によるネットワーク型へ転換した。個人あるいは少数者が社会的分業の各分枝において自立単位（中小自営業）をなし，中長期的な契約によって結合したネットワーク型組織が注目を浴びる。

(2) 技　術

工業化を達成した現在，原理的な新製品や新工程の革新技術よりも，既存技術を高品質や環境などの諸要請を組み込む改良技術が主体となる。また，先端技術といわれるIT（情報技術），BT（生態技術），NT（nano 微細技術）などの革新技術も，新製品の側面よりも既存の技術体系のなかへ組み込んでゆく面が強く，生産現場での応用能力や協力が重要になる。

(3) 規模の経済

日本の大企業が欧米を凌駕したのは，欧米の生産技術の規模拡大（規模の経済）が主因であり，これに加えてテイラー主義的硬直組織でなくチームワークによる改良を組み込み，技術プッシュ型でなく需要プル型の生産体系を組んだからであった。だが，定型量産型の産業は長期的には資源や環境の制約に直面せざるをえないし，短期的には立地競争によって途上国に流出する。他方で情報化や遺伝子工学などの技術革新の出現期においては，先発する欧米の技術革新力の後塵を拝さざるをえない。したがって日本経済の比較優位構造は根本的に変化する。規模の経済に依存する大企業は後景に退き，激しい環境変化への適応力が高く，個の自主性と小集団の協力を発揚できる型が主体となる。

(4) 範囲の経済

生産過程における各工程間の，あるいは各製品別の事業部の間には濃淡さま

---

3） M. J. Piore and C. F. Sabel, *The Second Industrial Divide*, Basic Books, 1984. 邦訳は，山之内靖ほか訳『第二の産業分水嶺』筑摩書房，1993年。イタリアは戦後，先進国の高度経済成長において最劣等生であり，北部工業地帯と南部分工場経済から構成されていた。ところが，1980年代に入ると他の先進国の停滞を尻目に「奇跡の復活」を果たしたが，これを担ったのが「サードイタリア」と呼ばれる中部の伝統的な中小都市における集積型産業であった。

ざまな関連性がある。そこで特定の個人あるいは企業がどの範囲の工程や事業を包摂するのか，分割した各部分をどのように結合するのかが問題となる。選択肢としては，短期のスポット市場，継続取引市場，分社化と持ち株による結合がある。歴史的には技術発展による機械体系と規模の経済によって大企業が出現し，関連する工程や事業を統合し，多角化し，こうして巨大企業が出現した。1970年代に入り先発国の戦後高度成長が終了すると大企業病が言われ出し，情報技術による中間管理部門のスリム化，リストラ，分社化などの事業分野の再構築，中核部門への集中と周辺の外注化・市場化が進んだ。

(5) 集積の経済

特定の地域空間に共通に利用できるインフラが整備され，関連性の強い産業や多様な労働力が集中立地しているために，移動費用が安く，多様な情報の入手や交流が容易となる利益を集積の経済という。都市化はこの集積の利益が推進力になっており，混雑や環境悪化や高地価などの集積のデメリットによる抑制作用と均衡するところで都市規模が決まる。地域集積型産業とは，小都市とその周辺地域において特定の移出型産業を中核とする多様多数な中小自営業が集積した産業形態をいう。日本では江戸期まで起源を遡れる地場産業が500ヵ所ほどあるのが，これにあたる。これについては神戸市長田地区のケミカルシューズ産業で例示する。

(6) 信頼の経済

アメリカで支配的とされるスポット市場は，もっぱら個別的で短期的な自己利益だけを追求する個人によって構成される完全競争的な市場経済の理念系である。これに対して信頼の経済とは，短期的利益としばしば衝突する長期的利益，個別の関係が全体へ波及して再び個別に返ってくる全体利益，個人だけでなく多数者に共通する共通利益，コミュニティへの貢献欲求や個人の信条に対する共感などの動機にもとづいた行動や協力がもたらす利益のことをいう。経済システムとしては，競争と協調との対立面を抑制させ相乗効果を最大化する組み合わせを求めることになる。

## 2 地域集積型産業：多数の中小自営業とそのネットワーク

各地域のニーズとシーズを発見すれば，次は両者を効果的に結合させる手法

の発見である。まず地域集積型産業である。

　先進国の経済停滞の主因が巨大企業にあると指摘された1980年代において，ピオリとセーブルは「サードイタリー」を事例にあげて多数の中小自営業が地域に集積した産業都市が大企業における定型量産型のフォーディズムに代わる次の生産様式である，と主張した。総じて言えば，地域集積型産業は供給側における(1)自主性，(4)範囲の経済，(5)集積の経済，(6)信頼の経済という利益を持ち，これを需要側に柔軟かつ創造的に対応させることができる。さらにまた，地域集積型産業は生産と生活との連携をはかるうえでも，また資源環境の制約に対しても，より効果的に対応できる。また，NPOなどコミュニティ型ビジネスは，(1)自主性，(4)範囲の経済，とりわけ(6)信頼の経済に優位を持ち，地域のサービス産業や資源環境を打開する循環型産業化に力を発揮する。

1) **大都市の産業再生例：ピッツバーグ**

　ピッツバーグは20世紀から21世紀への転換を象徴する都市である。1901年，19世紀の生存競争という野蛮を克服して計画の20世紀をつくると銘打って世界最大の鉄鋼企業 USS（全米鉄鋼会社）がピッツバーグに成立した。USS は最盛期の1970年には10万人を雇用したが，いまでは日本の輸出攻勢の前に名前も正体不明の USX に変え，3200人を雇用するにすぎない。「スモッグ・シティ」の汚名と公害患者を残されたピッツバーグは「錆ついた中西部工業地帯」，産業空洞化を象徴する都市となった。だが，20年にわたる塗炭の苦しみのなかから地域あげての再生努力の結果，いまでは全米で最も住みやすい都市に数えられるまでになった。地域あげての再生努力とは，第1に，市民の危機感に支持された市行政あげての再生への取り組みであり，第2は，大学と，NPO と中小自営業を主体とした産業界とのネットワークである。製造業の縮小による雇用減をカバーしたのは環境，医療，情報の産業化であり，いずれも大学の研究機能と地域ニーズとが結合されたものである。市は環境を回復させる街づくりを進め，既存事業所に厳しい環境規制を課したため，企業は大学との公害の研究開発や防止用投資に乗り出し，ここから環境関連のサービス事業を生み出した。大学の情報技術研究が既存企業の情報化に応用され，情報関連の専門的中小自営業を生み出し，域内需要にとどまらず移出産業へと発展した。公害患者をはじめとする地域医療システムが整備され，大学の研究と連携するなかから器具，

製薬，ケアサービスなど幅広い医療関連産業を生み出し，患者は全米から集まるまでになった。環境重視型の街づくりによる良好な居住条件が優秀な労働力を引き止め，新産業を生み出す基盤となった[4]。

2) 地場産業の事例：神戸のケミカルシューズ産業

ケミカルシューズ（CS）産業は1909年，イギリスのダンロップ社が神戸に進出し，神戸市長田区で流れ職人がゴム技術を吸収・応用してゴム長靴を生産したのが始まりであり，戦後，石油化学製品が流入すると直ちにこれを素材として量産化し，ハイカラなケミカルシューズと銘打って一挙に普及させた。「京の着倒れ，浪花の食い倒れ，神戸の履き倒れ」の流行語をつくり出し，高度成長期には輸出の花形産業となった。だが，1971年からの円高によって定型量産型の標準品市場は一挙に台湾に奪われ，構造転換を迫られた。運動靴に特化したアシックスは量産型の大企業となった。もう一方では地域集積型の中小自営業からなるケミカルシューズ業界が残り，両業態は同程度の生産規模で分野を分担する結果となった。業界は地域集積型の機動性，弾力性，創造性を発揮して，変動が激しく多様な素材を使うカジュアル物，季節性と変化と感覚を特徴とするファッション靴，革を素材として機能性を重視した高級靴，個別性に対応できる手づくり靴，職業と個性に合わせた仕事靴など，高付加価値路線を開拓してきた。震災後，最近ではトータルファッション，癒し系，西陣と提携したジャポニカ風など，ニーズの変遷に即応する途を模索している。

ケミカルシューズ業界は多様な材料業者，40にも細分化した工程に特化した部品加工業者，400社のアセンブリーメーカーである中小企業，そして卸問屋から構成され，総計2万人を雇用し，住工商の密集する都市内産業地区を形成している。都市内の既成市街地の密集・住工商と新旧が混在した立地であったために，火災をともなう震災によって壊滅的な打撃を受けた。だが，多数の事業者が直ちに自力復興を果たし，メーカーの製造小売りへの脱皮，以前よりも狭域に集積度を高め，長田と東京にアンテナショップを出して情報の受発信基地とするなど，地域産業としての共通基盤を整備する動きも出てきている。

見られるように，地域集積型産業の生命力と長所は大きいものの，抱える課

---

4) 小栗崇資「中小企業支援で都市再生」（『中小商工業研究』2002年1月号）。

題はそれにも増して大きく重い。とりわけ，既存企業の構造改善については，まず図面設計の技術能力を持ち，関連企業との継続的なネットワークを形成し，ニーズを探索し対応できる販売ルートを確立する点が基本といえる。また，企業構造を柔軟に転換するために，既存事業の再編，転廃業，起業を円滑にする仕組みを整備することも大きな課題である。競争と協調の関係についても，激しい模倣競争を個性の創出競争に切り替え，人材育成，共通情報の収集と共有，産地ブランドの形成，さらに街づくりにおいて協力するような仕組みと態度をどう形成するのかが重大な課題である。

これらは全国いずれの集積地にも共通した課題といえ，各地域自治体がこれを打開する産業政策を行うこと，中央政府は自治体の産業政策を支援するように政策転換することが求められている。

ここで簡単に，以上の方法を大企業に適用し，日本的経営の今後のあり方を見てみよう。今後，大企業は日本経済のリーダー役ではなくなり，安定的発展の下支え役となるべきだからである。高度成長期における大企業は，欧米技術の模倣(2)と規模拡大(3)をめざす横並びのシェア競争，太平洋ベルト地帯への集積(5)，日本的経営における三種の神器による信頼(6)，これらに政府の護送船団方式がうまく組み合わせられた結果，成功を収めた。だが，成功は失敗の原因となる。1970年代後半からは労働時間の短縮でなく本体の減量経営と多角化による余剰人員の吸収，1990年代後半からはリストラによって最後の砦である長期雇用も崩し始めた。2001年，東芝は当面する危機を凌ぐために軽量経営を打ち出し，キャッシュ・フローを優先させ，拡張投資の棚上げ策までとるに至った。大企業は国内では管理・開発・試作に特化し，生産を定型量産型として海外生産をはかっている。大企業の改革策としては，日本的経営の長所を発展させ，労働時間の短縮など労働条件の改善と経営層の人事を従業員へ民主化する，これを進めるために労働組合に産業別の横断性を組み込む，人への熟練投資を主体として企業間の個性の創造競争によって(1)(2)(4)(6)の利益を追求する。これは日本的経営を人本主義へ切り替えるものである。

## 3 コミュニティ型産業

ニーズとシーズとを結合させるための産業型の第2は，コミュニティ型産業である。ここではNPOを扱い，次節で農業を取り上げる。

NPOとは一般にある社会目的を実現するために自主，民主，開放，非営利などを原則とする事業体であり，欧米ではすでに社会に定着しているが，日本ではこれからである。NPOを理解するために2000年から施行中の介護を取り上げて，NPOと企業と自治体とを比較し，各々の特徴と役割分担を検討しよう。

アダム・スミスは公益を掲げた公共団体よりも市場という制度のもとで自己利益を追求し価格に導かれる企業のほうがより公益に貢献する，と主張して人を驚かせた。その理由は，市場において企業が利益を得るためには競争のなかでよりよい顧客満足（社会貢献）を提供しなければならないからである。たしかに企業の目的は私利であり顧客満足は手段にすぎないが，自己利益という強力な誘引と競争の強制圧力とが働くために，公共体よりも大きな顧客満足を実現できるのである。介護においても，規模の経済が働く施設介護の場合には市場が優位である。もっとも，市場はさまざまな失敗を生み出すからその機能性に則して市場のルールを設定することが重要である。一般に個人や集団が要求を実現するためにはカネ（市場でお金による投票），コエ（議論による決定），アシ（地域間移動）という三つの選択肢があり，状況に応じて使い分けるとよい。たとえば，私企業は労働者の労働条件を切り下げて利益を増やす誘引を持つ。これに対しては，当該労働者が労働組合を組織するのを支援して，当事者間の対等の交渉力によって解決する（コエ）。私企業は介護サービスの質を下げて利益を増やす誘引を持つ。これに対しては，事業者間の競争を組織して利用者の選択幅を増やす（カネ，アシ），契約の遵守を当局が監督する（コエ），契約に規定されない細目については利用者を組織して当事者交渉によって解決する（コエ）。現状は商業主義や企業主義によってカネとアシの選択に偏しており，市場の競争圧力によって労働者や住民は孤立し，無力化し，国民のエネルギーを殺いでいる。

企業は私利優先といわれるが，これも変わりうる。たとえば昔から長期にわたって全国展開をしていた近江商人には「買い手よし，売り手よし，世間よし」という「三方よし」の経営があった。経営の第1目的に社会貢献を掲げ，従業

員の福祉と企業の発展との鼎立をめざす経営計画をとる企業も増えてきている（中小企業同友会）。このほうが経営者も従業員も動機づき，協力が進み，顧客や銀行などの社会的信用もつき，結果的に企業利益ともなり，かえって市場競争力も強化できるのである。接客が主体のサービス業ではとりわけこれが妥当する。市場経済の歪みを是正するために，個々の企業が諸々の社会的要請を満たすような構造改革，すなわちメゾコントロールが経済改革の重要な柱になるのである。

　NPOは市場の失敗と政府の失敗の打開策ともなりうる。公的介護の理由の一つに地域コミュニティの空洞化がある。もともと高齢者は村落において重責を担っていたのであり，介護は家族とコミュニティとが補完した。現在，もとの地域コミュニティが空洞化しこれに代わる新しいコミュニティができていないために，元気な高齢者が役割をなくし意気喪沈して病気になり，家計と女性に過大な負荷をかけている。ところで，介護を公共・市場が担う場合はどうなるか？　特養などの老人施設では1人当たり平均500万円もの高費用がかかり，サービスの質もよくない。在宅介護として民間ヘルパーを派遣する場合には，まず要介護者が地域に分散しているため移動費が高くつく。見知らぬ他人を入室させることによる安全の問題がある。サービスの項目と費用を規定した契約方式では個人の事情に応じた柔軟性に欠け，情が通わない。家族への介護手当，地域コミュニティの支援，NPOのサービスなどを組み合わせたコミュニティケアであれば，費用は安く，質も上がる。地域を限定したNPOの場合は，近隣の顔見知りという信頼感があり，日常的で多面的な付き合いを総合的に活用できる，地域住民に役割と交流の機会を提供できる，ボランティアによって費用を抑えることができる，雇用や現金獲得の機会を増やせる，なによりも被介護者が帰属感の持てるコミュニティへ復帰しようとする意欲を湧かして自立を励ますなど，利点が大きい。こうした地域活動を子育て支援，共働き家庭への支援，リサイクルや地域環境の再生，街と人づくりなどへと広げてゆくならば，これは新しい地域コミュニティの再建となる。

　NPOがボランティアの自発性を基礎とするからといって，有料ボランティアが否定されるわけではない。有料で参加者を広げ，体験のなかで社会的貢献欲求を引き出し，持続させ発展させるうえで，報酬による動機づけが有効であ

る。また，ボランティアを有効に組織して民間事業と競争して事業を継続させるためには，組織の管理運営能力を高め，採算性を確保することが条件となり，専門能力の高い有給職員を雇用することが必要になる。さらに，「非営利」は利潤一般を否定するものでもない。たとえば，事業を拡大するために利益をあげることが必要な場合も少なくない。だが，利益はあくまで公益目的の手段なのであり，特定者の収入や便宜に流用したり，自己目的としないことが非営利の趣旨なのである。

他方，NPOの弱点としては，第1に，重度介護や専門性を要する介護に対応できない，第2に，自主団体であるため資金・信用・経営能力などが不足して組織が不安定，などがある。第1点については，専門家の配置や施設の整備によって空間的集中の経済や規模の経済を活かすことのできる民間施設が役割を分担すればよい。この場合は個人と自治体による資金確保が前提となる。第2点については，公式組織である自治体が支援すべきである。自治体は福祉充実を理念とし，強制徴税権によって安定した資金源と信用を有し，福祉分野の専門家を配置できるからである。

なお，自治体は地域住民が共通に抱える課題を全般的に扱うが，共通問題はとりわけ決定がむずかしいので，この解決のために自治体の組織改革や他との役割分担が重要である。自治体の最重要課題である地域の総合ビジョンの作成や共通問題の決定能力を高めるためには，自治体が不得意とし地域コミュニティや市場のほうが強みを持つ領域はそちらに譲り，重要で代わりの効かない業務に集中すべきである。介護で言えば，介護活動自体はNPOなど地域コミュニティや市場に委ね，自治体はその仕組みを企画・調整し，育成し，監督し，資金面や専門性などの弱点を支援する。

## 4　農業の自立産業像を求めて

現在，農作物の自給率を引き上げよという国民の声は8割を超える。だが，日本の熱量ベースの食糧自給率は1960年にはドイツやイギリスを上回る79％であったが，1970年には60％，1998年には39％に急落した。新規学卒就農者は1960年の10万人に対して1990年代後半は1800人にすぎず，就農者の過半数が60歳を超えており，農業はもはや自立産業とはいえない。日本と対照的なのが戦

後の欧州諸国である。欧州諸国は従来の食糧基地であった東欧がソ連圏となって分離され，植民地が独立したために，食糧安保の観点から食糧自給策をとった。その後，食糧を自給する理由として国土の保全と利用，レクリエーション，食品の安全等の農業の多面的価値を追加しており，その結果，先進国平均では110％，最低の英独でも100％を超えた。逆に途上国の多くは食糧自給を崩し，平均では90％に落ちた。2001年にWTOに加盟し食糧輸入の影響が懸念される中国は95％の自給率維持を国家目標にしている。1993年のGATTウルグアイの農業協定第20条は，「支持と保護を削除するという長期目標を認識し，（環境や食糧安保などの）貿易以外の関心事項を配慮して交渉する」と合意した。21世紀には工業化の裏面である資源や環境の問題から食糧が最重要な課題となるといわれる現在，農業の自給率の引き上げと産業としての自立が急務である。その際の最大の論点が農作物の自由貿易論，自由貿易による消費者の利益である。ここでは，これを主な論点とする。

最初に注意すべきなのは，自由貿易を主張する欧米諸国は工業品においても自国産業が劣位になると関税，数量規制，自主規制などと保護措置をとってきた。特に農業品については自らは自給を確保したうえで，自給維持コストを節約するために自給策にともなう過剰農産物を輸出する自由を主張している点である。たとえば，日本が最大の輸入制限国であるかのように攻撃されているが，制限品目数は日本は22であり，攻撃の先鋒であるアメリカでも19であり，日本と変わらない。他方で欧州で最大の仏は83，最小の英でも65なのである。貿易自由化で攻撃しているのは欧米というよりも，それに便乗した日本の国際派なのである。実際，1981年に自由化・国際化が掲げられて以後，農業保護が産業発展を阻害しているとする高コスト論が言われる。米価吊り上げのため賃金コストが高くなる，補助金のために税金が重い，農産物の輸入制限が国際批判をうけて日本の輸出を妨げる，云々。2000年，政府は国民の強い批判を前に「食料・農業・農村基本計画」を出し，2010年までに自給率を1985年の45％に引き上げる，と言い出した。このためには，これまでの反省に立った抜本策が不可欠である。次に対案を示そう。

## 自立農業（農林漁業）の再生像

一般に農業は総合的でありかつ地域の個別性が強いために単純化できない

が，自由貿易の利益と比較するという観点から試案を出そう。

 第1に，食糧の安全保障と農業の多面的機能を発揮させるに足る主要農産物の自給率を確保する（国民全体の共通利益）。そのために，対外的には輸入抑制を実施する。ここでは食糧をコメで代表させる。

 第2に，国内では市場メカニズムを活用する。これによって，経営主体の創意工夫や変化への対応などの経営努力を促し，市場や地域の多様なニーズに対してきめ細かく，かつ効率的に対応できるようにする。さらに，これによって価格を決定し，短期・長期の需給を調整させ，消費者と生産者，生産者間，地域間において存在する利害対立を調整する。たとえば，これまでのような所得保障のために価格を支持し，供給超過を抑えるために一律減反する策はとらない。

 第3に，次のような市場の失敗に対しては，その性格に応じた市場の補正策をとる。

 短期の価格安定化： 農産物は需要の弾力性が小さく，生産期間が長いために供給の弾力性が小さく，生産が天候に依存するなどの性格のため，価格と供給が不安定になるから，これを防止する安定策が必要だ。

 長期の所得保障： コメの生産者間費用格差がそれほど大きくなく，需要が伸びないために，長期均衡価格が優良地においても，あるいは中位地においても農工間所得格差を補塡できず，長期的に自給を達成できない事態が起こりうる[5]。この場合には，自給を維持するための所得保障が必要になる。その手段としては，市場メカニズムを機能させるために，価格支持ではなく所得保障とする。所得保障が供給超過をもたらす場合には，たとえばEUの共通農業政策（CAP）のように補助金支給と生産調整とをセットとし，農家の自主選択性とする。こうすれば，優良農家は生産調整に加入せず，需給一致と効率性とを両立できる。

 外部効果の補償： 中山間地の場合には国土や環境の保全という外部経済が大きい。過疎の防止は都市の過密という外部不経済を抑える効果を持つ（国土

---

5） 図4-2において，仮に土地間の費用格差がない場合には，供給曲線は水平となり，需要曲線がこの水平線と交われば利潤は消滅する。費用格差が小さければ，優良地においても平均利潤率を満たせず，産業として成り立たなくなる。

の均衡利用)。外部効果を補償する補助金は正当化できる。中山間地での農業を維持するには地域コミュニティが存在せねばならず，したがってこの支援のための補助金も正当化される。中山間地では専業農家の維持が地域コミュニティの存続条件であり，専業維持が地域の共通利益と合意されると専業農家を中心とする集落営農，コミュニティ型ビジネスの途が開けよう。たとえば，農地を集約するために低賃貸し率や村落持ち株方式をとる。繁忙期や労働集約作業の有償応援，減農薬・有機肥料を地域内循環によって確立する。

　品質と信頼の経済：　世界に広がる狂牛病や雪印事件など，農水省と大手食品メーカーとの癒着への不信と不安が高まるなか，産消提携（産直）が見直される。工業品の場合は品質は同一であり，価格情報格差による取引上の問題は少ない。だが食品，とりわけ生鮮食料品の場合は生産者ごと，一品ごとに差異があり，鮮度，味などは買って食べてみなければわからないし，安全性となるとお手上げだ。魚沼産を銘打ったコシヒカリは魚沼の生産量の数十倍が流通している。市場メカニズムでは食料品に関する情報の非対称性や不確実性を解消できず，この悪用が跡を絶たない。そうなると，生産者の顔と生産現場が見え，継続取引と交流によって意見交換ができ，信頼を形成できる産消連携の利益が大きくなる（信頼の経済）。安全性や環境保全や持続性を求めると有機減農薬農法となり，コミュニティ単位での生産や援助が要請されるし，生産費も上昇する。もっとも，現状では流通費が価格の60％も占めているから，これを産消提携によって節約できれば，コストアップをカバーできる。都市の生協やNPOや市場などと産地との双方がコミュニティを形成して連携すれば，この途も開ける。これを契機にして，地域内における都市と農村との余暇や観光，健康，学習と教育，環境保全など多面的な連携へと発展できる。

2)　比較：自由貿易か，自給・自立か

　農産物の貿易自由化の根拠としては，安い食料を購入できる消費者の利益が言われる。そこで簡単かつ大胆な仮定のもとに，コメを完全自由化して100％輸入する場合と，コメの自給・自立策とを比較しよう。コメの自給・自立策とは対外的には貿易制限による自給策をとりながら，国内では従来の減反などの規制撤廃，農地の集約支援，外部効果に応じた規制と補助，集落営農などの地域コミュニティ型ビジネス，農業の多面的機能を活用した都市との連携などに

図 4-2　貿易の利益

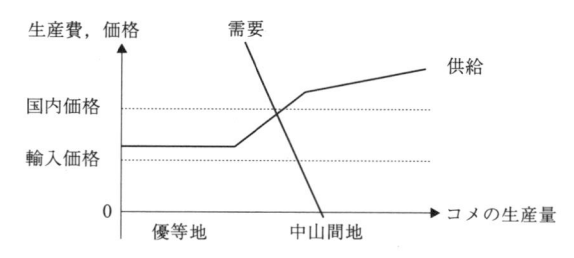

```
生産費, 価格        需要
                                        供給
国内価格
輸入価格
      0                                    コメの生産量
              優等地    中山間地
```

表 4-1　完全自由化と自給確保・産業自立策との利益の比較　　　（単位：兆円）

| 完全自由貿易 | 自給・自立策 |
|---|---|
| 利　益 | 利　益 |
| ①　貿易の利益　　　　　　　2.5／2（10／2） | ①　消費者の多様なニーズに答える |
| ②　農地の跡地利用 | |
| 不利益 | ②　自立農業→食糧の安全保障 |
| ①　失業：専業農家　35万軒×年収250万円＝0.9 | |
| ②　外部経済の喪失 | ③　農業の多面的機能の発揮 |
| 　　国土保全：文化・観光　　　　　　　　　　7 | |
| 　　国土利用：過密と過疎, 都市部農地の機能 | ④　生態系共生型農業 |
| ③　外部不経済の回復：生態系の回復 | |
| ④　食糧の安全保障（脆弱） | ⑤　食糧自決権の確保 |

　よって，農業を地域の総合産業とする場合をいう。農水省農業総合研究所は農業の以下の外部効果を総計7兆円（洪水防止2.9兆円，水源の涵養1.3兆円，土壌の崩壊・浸食0.4兆円，レクリエーション2.3兆円）と試算している。

　簡単に農業の自由貿易の利益を次のように推定する。日本のコメの販売金額は2.5兆円，全食糧の販売金額は10兆円である。コメの輸入価格を国内価格の半分，優等地の生産費は輸入価格よりも高いとすると，図4-2のように貿易の利益は販売金額の約半分となる（需要の価格弾性は無視する）。以上から，現状を完全自由化した場合と自給・自立策をとった場合との収支を対比すれば，表4-1となる。

　喧伝される貿易の利益もコメで言うと年販売金額2.5兆円の半分の1.25兆円，防衛予算の4分の1，国民1人あたり1万円，1食あたり10円にすぎない。コメ以外の食料品は大半がすでに自由化されており，全食糧に必要な農地面積は1700万ha，日本の全農地面積の3.4倍になる。したがって自給の意味は最低限

の食糧安保を確保し，コメや畜産など日本が比較優位であり産業として自立可能な農作物を自給することである。そのための費用は，多目に見積もっても現在の総食糧販売金額10兆円の半分の5兆円，現防衛費並みのGDPの1％といえる。他方で，農業は現状においても治水・水源やレクリエーション機能だけで7兆円の外部効果をもち，貿易の利益をはるかに上回る。さらに脆弱ながら食糧の安全保障を確保しており，その他の正負の効果を勘案すれば，現状でも完全自由貿易よりもずっと有利といえる。したがって，農業を自立産業とするという明確な方針のもと，必要で可能な農作物の自給を保障し，国内での競争メカニズムと各地域の農業支援策を組み合わせれば，長期展望を持った農民は国民ニーズに応えて経営努力に励むだろうし，それによって国民の経済厚生は大きく改善するだろう。

　ここで，高齢化と農業について例をあげよう。2020年には65歳以上の高齢者は3334万人，3人に1人となる。平均寿命の全国トップは1980年までは医療整備の進んだ東京だったが，東京は1995年には男性20位，女性33位に落ち，長野，熊本などの地方に代わった。男性トップの長野は1人あたり老人医療費も最低であり，「高齢者の就業率は全国平均の25％に対して長野は36％であり，医療費と負の相関が認められる」。今後は医療整備よりも環境や地域コミュニティや仕事，役割が大事と指摘する（厚生省国民健康保険中央会）。医療費が全国最低の長野中央部山形村の高齢者就業率は44％と高く，サラダ街道や長芋祭りなどで町と交流しており，昔から言われてきた「欲かくと近所付き合いがなくなり，欲ないと回りまわってくる」が残っている（日常の総合，互恵の循環）。

　2000年のNHK日本農業賞大賞を受賞した長野市小田地区産直部会は高傾斜地を生かして大阪の生協と産直を定着させ，参加264戸，平均年齢69歳，売上げは2億円に達し，誰でも年金50万と産直50万が目標という。高原野菜ボックスは毎週大阪へ故郷を届ける。大阪に新しくできた「親類」の顔を思い浮かべながらつくった季節感豊かな野菜類には高原便りや稲穂やススキが添えられ，保冷用水は炊飯・コーヒー用に使え，交流会・親子体験農業を通じて文通や援農へと広がってゆく。生涯現役をモットーとし，「ピンピンコロリ」が理想という[6]。

図 4-3　企業間取引と銀行の役割

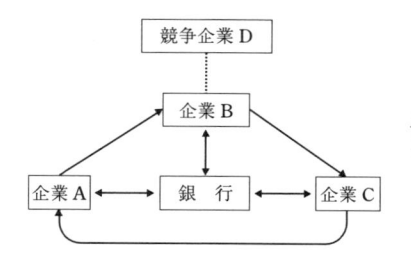

```
          競争企業 D
              :
           企業 B
          ↗    ↘
      企業 A ↔ 銀　行 ↔ 企業 C
          ↖_____↗
```

① 経常取引での決済と短期融資
② 投資や事業再編への長期融資
③ 経営構造改革へのコンサル業務

## 5　地域型銀行

1996年，政府は銀行主体の間接金融を株式市場や証券市場などの証券化に切り替える金融ビッグバンを打ち出した。とりわけ地域金融機関は過小，過多で経営不健全だ，ペイオフで整理集約するという。だが，この金融自由化によって金融危機がもたらされ，資金循環を閉塞させ，不況を深化させた。銀行法第1条は銀行の目的を信用秩序の維持と円滑な資金供給と謳うが，都市銀行は両者ともに果たせず，立ち往生している。他方，中小自営業が主役となるためには経営改革，各地域における生産的で円滑な資金循環が不可欠であり，地域型銀行がこの役割を担えるのである。以下，その根拠や実現像を検討しよう。

### 1）　決済業務と情報生産能力

企業の毎日の取引は小切手や手形を銀行が決済することによって清算される。銀行は決済業務を通じて取引先企業の経営状態を日常的に把握することができる。銀行はこうして得た大量かつ最新の企業情報を手形割引や当座貸越しなど短期資金の融資に活用できる。投資用の長期資金の融資においては，こうして蓄積した情報を事業内容や企業に関する審査と統合させて企業評価をくだす。長期融資を確実に回収するために日々の決済情報を活用できるし，定期的な企業訪問によって企業の評価を確認・修正する。このように，銀行は企業情報を得るうえで決済業務を活用でき，これにもとづく情報生産能力は証券会社やノンバンクの及ぶところではない。銀行と企業との関係，役割を図4-3で示す。

---

6)　白江一昭「高齢就業，地産地消で老人医療費最低の社会システムを実現」（『中小商工業研究』2002年1月号）。

2) 地域型銀行の潜在能力

地域型銀行の潜在力を先述した経済的な利益源泉(1)～(6)にそって述べる。

(1) 自主性

地域型銀行は都市銀行よりもずっと小規模であり，銀行の利益と個々の従業員の利益を一致させやすい。一般に地域型銀行は地域貢献を掲げ，地域の繁栄なしに自己の利益もない。従業員は地域に居住しており，従業員が地域コミュニティと一体化するほど，銀行の利益との共通性も強まる。すなわち，地域型銀行の従業員は自己の銀行の役割を地域貢献型に転換させる動機を持つし，逆もいえる。さらに，地域型銀行の出資者はそれが株式会社であれ協同組合であれ，地域の事業者であるから，銀行は金利などの銀行間競争によるカネの投票を通じて地域ニーズに応えるだけでなく，株主総会や総代会における声によって直接に経営方針に地域ニーズを反映させることができる。こうした声による投票は地域金融機関を地域貢献させるための最大の武器となりうる。

(2) 技術

銀行は総合情報産業であるから，情報の技術革新にともなう固定費の巨大化や規模の経済によって技術面では大銀行が優位に立つ。とりわけこれは定型・大量の決済業務に妥当する。この面において小銀行は相互間や大銀行・政府系を含めた金融機関との連携が必要となる。だが，今後の銀行の最も重要な役割は中小自営業者への長期与信業務であるが，これは人による総合的な判断力と信用が決定的に重要であり，この面で地域型銀行が優位に立つ。

(3) 規模の経済

企業融資に必要な情報は企業規模にかかわらずある一定量が必要なため，企業規模が小さいほど融資費用が高まると言われる。だが，日々大量に繰り返される決済業務にともなう情報生産によって情報費用は逓減する。同じ地域に立地する銀行と企業とは長期の継続取引となるから，取引期間とともに情報費用は逓減する。これらは企業規模によるハンディをカバーする。

(4) 範囲の経済

銀行と企業との金融取引は経常的な取引の決済から始まって，投資，事業の再編，清算など企業の全ライフサイクルに広がってゆく。銀行は企業のライフサイクルを通じた関係を深めるなかで，前段階で得た情報を後段に活用し，こ

れらを総合させてトータルな企業像を形成することができる。これは銀行が企業へのコンサルティング・サービスをするための基礎となる。

　銀行は決済業務を通じて取引企業だけでなくその川上・川下の企業情報を得ることができる。一企業の情報から当該産業の一般情報を引き出すことができるので，これを同業他社に利用できる。こうして，地域型銀行は地域のすべての産業の情報を収集することができるので，これを総合できる位置にいる。

　長期資金の融資には対象事業の利潤予想が必要であるが，そのためには川下産業の需要予測，ひいては地域内外の長期予測が必要となる。すでに担保主義が崩れた現在，地域型銀行とは地域経済の展望創出に自己の存立がかかった存在なのである。

(5)　集積の利益

　日本の地域経済を支えている約500の産地に共通した弱点は，流通経路を大都市の卸売に押さえられている点である。地域銀行は地元企業が受け取った流通業者の手形を割り引くためにその営業把握を欠かすことができず，銀行は自己利益のために流通経路を把握する。産地活性化の重要な柱は製品の販売戦略であるから，銀行がこれを支援することができる。また，銀行は地域内取引における決済の安全性を確保するために地域の取引連関に関心を持ち，また決済や融資によってこの情報を摑めるから，この面からも地域産業の発展を自己利益とし，またこれを担える能力を持つ。同様に，地域経済が域内循環を強めるほど地域型銀行は地域経済全体と利害を共有することになり，地域経済全体の機能性を高めることに関心を払うようになる。

(6)　信用の経済

　現状でも信金・信組の貸出の多くは無担保の信用貸しである。担保がなくても，事業と人を見て与信するのが銀行の本来の役割である。日本の現閉塞打破には人の創意が重要であるだけに，事業者だけでなく従業員まで含めた信条，能力，協力などにもとづく与信が求められる。地域型銀行が企業の個体識別能力をつけて信用を高めるほど，金利を下げ，与信条件を弾力化できる。これに対して，全国・国際展開をはかる大手銀行は地域事情に疎く，大多数の中小自営業を顧客と見なさず，中堅企業に対しては経営指標を数値化し業種別の平均値を基準にして貸出条件を設定する。経営指標では企業や事業の個性を捉えら

れず，平均値では与信にともなう逆選択やモラル・ハザードによってリスクプレミアムが高くなり，都市銀行の金利面における優位まで逆転しかねない。無論，今後重要となるコンサルティング業務は不可能である。地域型銀行がその潜在力を発揮するならば，地域においては都市銀行を圧倒できる。

地域経済が域内循環を強めるほど，企業の短期的で個別的な利益追求による外部不経済が自己にはね返ってくるようになり，長期的全体的利益を考慮するようになる。自分が帰属できる地域コミュニティやビジネス・コミュニティが存在すると，事業者は帰属意識からも利害計算からも地域の信用や評判を重視するようになる。これらは機会主義的行動による非効率や必要な協力を妨害する競争の分断作用を防ぐ。この利益を最も受けるのは銀行であるから，銀行は企業の協調行動を促す。

### 3） 個人貯蓄の保全と活用

国民は現在および将来の生活不安を前にして，少額，長期，安定，かつ少しの利子は見込める貯蓄の仕組みを切実に求めている。これまで，国民のこの長期資金が都市銀行の大企業に対する長期低金利貸出の基礎であった。現在，大企業はカネ余りのため銀行離れとなり，中小自営業が長期低利資金を求めている。この需給を媒介できるのが地域型銀行である。地域型銀行が地域住民の貯蓄を中小自営業の長期融資に回すことによって，地域の，ひいては日本経済の生産的で円滑な資金循環を復活できる。

地域型銀行が地域貢献を打ち出し，経営を健全・透明にし，信用の脆弱性を全国連帯や公的支援によって補強させるならば，地域住民は地域コミュニティをつくり上げるために自分の貯蓄を地域に預金するようになる。他方，都市銀行や証券化に身を委ねれば，日本経済の資金循環は閉塞して不安定性を増す。全体リスクが高まると金融プロが操る投機市場が「活性化」し，全体リスクをさらに高めてしまう。地域経済が個人のセーフティネットとなるにつれて，個人の資産管理も地域型銀行に委ねられ，地域経済に活用される。

### 4） 中小自営業の金融・情報ニーズと地域型銀行

東京に集中した株式・証券市場から資金を調達できるのは全国銘柄である大企業とごく一部の中堅企業どまりであり，圧倒的多数の中小自営業の金融は銀行融資しかない。直接金融が主体といわれるアメリカでもニューヨーク株式市

場は伝統的な大企業中心であり，ベンチャー・キャピタルがもてはやされるナスダック市場で資金調達できる中小企業は全体の1％にも満たない。ところが，アメリカの銀行は1930年代恐慌に対する過剰防衛もあって長期金融に慎重であり，アメリカ経済における中小自営業の発展を抑え，大企業の国際的な跳梁を許している。間接金融を主体とした日本は，地域型銀行と中小自営業とのパートナーシップによってアメリカの陥穽を避けることができる。そこで，企業のライフサイクルの各局面における銀行とのパートナーシップを検討しよう。

　運転資金の安定供給：　金融不安によって事業者の多くが運転資金の確保に忙殺されるなど後ろ向きの消耗戦を余儀なくされる現状においては，これを克服することが既存事業を活性化させる第1の条件である。そのためには，地域型銀行の経営を安定させ，事業者の精度の高い情報にもとづき円滑安価な短期金融を実現することが重要だ。

　事業拡張用の投資資金の調達：　現信用梗塞の原因の一つには，これまでの土地担保付き融資が地価崩落のために崩れた点がある。担保主義を脱して本来の銀行の役割である事業計画と事業者評価にもとづく与信を確立することが急務である。銀行の経営不安による貸し渋りのために，さもなくば貸し出せる投資が実現できず，不況を深化させている。銀行は貸し出せる優良な中小自営業者がいないと嘆く。だが，これまでの土地担保主義が災いして企業の審査能力に欠けるために，銀行が優良な事業を識別できないのである。

　さらに，地域型銀行の場合，事業の個別収益性にとどまらず，それが地域経済に及ぼす総合効果を評価することができる。たとえば，ある事業の投資は地域に需要の波及効果をもたらす。新規事業が競争企業の対抗投資を呼び起こすかもしれない。事業が地域イメージを左右するシンボル効果を持つかもしれない。地域型銀行は外部効果を自分の取引先への影響を通じて自己利益として取り込めるために，融資に際して視野を全体へ広げる動機を持つのである。したがって，銀行が地域経済の展望を立て，これにもとづいて有望な事業を発見し，事業者を支援すること，こうした事業者と銀行とのパートナーシップこそが銀行に求められる役割なのである。

　事業の再編と清算・起業：　構造転換のなかで方向性を切り開くべき中小自営業は，既存事業の再編，転廃業，起業などを柔軟に展開できる仕組みを求め

ている。だが，個々の企業が拡張投資に踏み切るのは5～10年に1回の頻度であり，その際，土地・インフラ，設備・建設，労働などに関する情報が臨時的に必要となる。銀行は長期与信のために投資関連情報を経常的に扱っているから，これを蓄積し体系化できる。さらに，企業が世代交代期など20～30年に1度の再編や清算をする場合には，資産や暖簾の価値を最大限に継承し，起業につなげることが重要である。銀行は貸金回収業務にかかわるために，この面でも情報提供，ルールや中古市場の創設，再生支援などに貢献できる。

なお，ベンチャー・ビジネスが持ち上げられているが，既存事業者は新規開業者よりも事業革新の担い手となりうる。というのは，革新においては発想の役割はせいぜい3分の1であり，経営能力，取引関係，資金調達などの条件が揃わないと成功しない。既存事業者は経験に拘泥する面はあるものの，その他の面では新規参入者をはるかに凌駕する。なによりも既存の中小自営業は多様かつ大量に存在しており，多様な試行を試み，苦境が深まるほど試行は大胆になる，成功例を素早く模倣し改善する，などの特徴を持っている。個々の事業者の生み出す多様なアイデアを総合評価し，地域再生の展望を作成し，これによって事業者を支援できるのが地域型銀行である。こうして地域経済に学習・創造のシステムを組み込み，地域全体を革新の苗床とするのである。

経営改善： 中小自営業が事業を近代化させ，構造転換を先導するうえでは，記帳・会計処理から経営計画の作成，経営者と従業員の教育まで，多くの課題がある。銀行は企業を単に評価し与信し監督するにとどまらず，資金回収の安全をはかり，取引を拡大するためも，経営改善を指導する動機と能力を持っている。さらに，地域型銀行が地域経済全体の発展を自己利益とする以上，地域にマイナスとなる個々の企業の行為を抑制し，プラスとなる行為を勧奨する動機も持つ。

膨大，多様，流動的，かつ自己主張が強い中小自営業の経営改革は言うべくして容易でない。ところで企業は銀行に弱いが，銀行は行政に弱く，行政は企業に弱いと言われる。この関係を三すくみでなく，好循環に切り替えることが大切だ。自立した地域経済を確立するうえで，ともに公共責任をもつ自治体と地域型銀行が，それぞれの得手を発揮し不得手を補完させて企業の経営改革に取り組むことが，展望創出の鍵となろう。

## 第3節　自立した地域経済と国内外との連携

　こうした地域産業像をつくり，これを担うのは各地域の自立した個人であり，自立した個人の連帯によって自立した地域がつくられてゆく。逆に，個人は自立した地域社会なしに自分の社会的な自立はないことを意識するようになる。最初に個人と地域の関係を見よう。

### 1　個人の自立基盤としての地域

　福沢諭吉は明治維新期には自立した個人による近代化を謳ったが，自由民権運動が高まるなかで個の自立よりも富国強兵，脱亜入欧を強調するに至った。この背景には福沢の関心が封建制の残滓の一掃から政治的経済的自立の早期達成へと変化したという事情があった。これらの課題はすでに超過達成されたいま，財界国際派は対米・対アジアへの輸出依存と直接投資によって対米追随を深め，アジアとの対立を生み出しかねない。小泉政権がとる新自由主義とナショナリズムを一体化させた国際路線は，国内経済を破綻させるだけではなく，国際経済の不安定の震源地ともなっている。これに対して，自立した個人の確立の必要性や条件を検討しよう。

#### 1）　創意と連帯

　日本はすでに欧米の模倣段階を過ぎて先発国・ファーストランナーとなり，日本の抱える問題は自らで解決する以外になく，これに成功すれば人類に貢献できる状態ともなった。そのためには創造性と個性豊かな個人を，少数エリートにとどまらず多数者として輩出しなければならなくなった。まずこれまでの近代化の主導力であった技術革新の分野での創造であるが，かつての鉄や半導体やコンピュータなどの基盤技術の革新が経済全体を牽引するような工業化の段階は過ぎ去り，既成産業においてさまざまな要請に対応する改良を柱とする成熟段階に入っている。したがって，現場における労働者や技術者，すなわち多数者による創意と協力が求められる。さらにまた，過剰生産能力下での不況など発達した生産力を持て余すに至った現在，技術革新による解決よりもこの生産力を有効に制御するための制度革新が求められる。制度革新のためには改

革案の発見だけでは不十分であり，既存制度に拘泥する既得権者の抵抗を抑えて改革を断行するだけの政治力，多数派の形成，そのための展望と実践が必要となる。たとえば大正デモクラシーにおける両税移譲の場合には，民権を求める国民と地方自治体とが連携して国民の多数派を形成するのに成功し，実現まであと一歩まで迫った。

2） 依存から自主へ

自立した個人の対極である依存が現閉塞をもたらし，またこれを打破する障害ともなっている。保守国際派のほうは新自由主義と軍事力という単純な指針を掲げるが，これは目的も展望も欠いており，危険きわまりなく，内外で破綻をきたす。

財源が中央に集中しているために，自治体が自ら地域経済を振興して自らの財源を確保しようという動機を奪われ，中央への依存を生み出している。さらに，中央は自らに集中させた財源を自治体間で配分競争させており，これが財源移譲をめざす地方の協調を崩して中央集権を温存し，財政を破綻させた。この「囚人のジレンマ」を打開するには，各々の地域の税金はその自治体の税収とするという自決自責を基本とし，地域間の格差を財政調整策で補完するという原則に立ち返る以外にない。中央の財政誘導ができなくなった現状はそのチャンスである。地域経済の振興策としても外部からの誘致策は自治体間の誘致競争となって共倒れに終わった。地域に根を張った産業や企業を自治体が振興する姿勢と，これを相互に支援しあう連帯が求められる。労働組合についても，労働条件を維持・改善するために要求で団結するだけでは不十分であり，経営者の経営方針をチェックし，その人事に介入し，代案を提起する必要も出てくるし，そうした力量が求められている。

3） 連帯の障害

改革をはじめとして多数者に共通する課題が山積してきている。これを解決するためには，関係者のコミュニケーションと合意形成＝連帯が必要である。だが，市場はその競争圧力によって個人をバラバラに引き裂き，孤立させるし，分業網を深めることによって個人を局部に特化させる。他方で，市場はグローバル化によって規模と空間を広げ，利害関係者をきわめて多数とし，複雑で巨大な経済のなかに個人を放り込む。その結果，個人は意味ある社会的決定から

ますます疎外されるに至った。意味ある社会的決定とは，個人が共通課題に応じてその関係者とコミュニケーションをとり，問題の総合理解に立ったうえで合理的な判断をくだし，決定の結果が有意味に自己にはね返ってくるような決定のことをいう。しかし，これを欠くと個人は無力な存在のままに砕けてしまい，強力な利益集団に従属を強いられる。とすれば，この1億2600万人からなる日本において個人が意味ある社会的決定をくだすための仕組みをつくることが最重要な課題となる。とりわけ，決定の結果が有意味に自己にはね返ってくるような決定の仕組みが重要である。と言うのは，それなしには決定に加わる動機を弱め，決定の動機がなくなると共同事項を理解する動機もなくして「合理的な無知」に陥り，決定結果が確実に自己にはね返る個別事項だけにしか関心を示さなくなるからである。

### 4) 地域と基礎自治体が基盤

決定結果が有意味に自己にはね返るためには，関係者があまり多すぎるとむずかしくなる。多数になるほど個人の発言や決定の影響力が小さくなるだけでなく，関係者の間でコミュニケーションをとって問題の判断力を高めるのがむずかしくなるからである。そのほか，決定集団の単位として望ましい条件としては次の点があげられる。個人が重大な利害関心をもつ共同事項を数多く含むこと。個人が日常的に経験・検証でき，総合的に判断できること。構成員が顔見知りであり，コミュニケーションが容易かつ信頼できること。こうなると，日常生活圏における地域，小単位の自治体＝基礎自治体が最適となる。ここに多くの決定権を下ろし，自決自責の単位とし，民主主義を確立すること，しかもグローバルに関係が広がり，個人に多様な機会を開くためにもオープンさを内在させることが分権の最重要な内容となる。他地域ともかかわる事項であっても，他とかかわるからとして上位の決定事項とせずに，基礎単位での決定を基礎としてボトムアップ的に積み上げることを基本とする。無論，中央や県などの固有の事項はそのレベルでの代議制などの制度が必要である。

## 2 国内連帯

最初に分権化に対して集権化を強調する財政連邦主義の根拠を，集権国の典型である日本経済を例として検証してみよう。連邦財政主義は財政における資

源配分，再分配，安定化のいずれの機能においても中央政府の優位を主張する。第1に，経済の安定化機能である。中央政府が財政破綻に陥り不安定の温床になった原因は，すでに重化学工業化が終了し，現政財官の利害自体が分裂して容易に展望は出せないし，その利害に沿っては国民多数の夢や利益を満たせなくなったためである。国民多数の声を踏まえた展望は地域主義である。たしかに金融危機を回避するうえでは現状において通貨発行権や起債権を握る中央政府が果たす役割が圧倒的に大きく，通貨価値や対外経済関係において中央政府の果たすべき役割も小さくないが，金融危機を打開するうえでも地域経済の再建を柱とした国内の資金循環像抜きに長期的な解決策を打ち出すことはできない。通貨価値を長期的に安定させるためには日本経済自体の安定化が不可欠である。第2は，公共投資の効率的配分である。政財官の利益集団に歪められ，景気対策の柱とされた高速交通網などの公共投資はたとえ技術的には効率的であっても，すでに過剰投資に陥ったため全体として非効率となり，しかも財政破綻を引き起こした。今後も公共投資のニーズは高いが，地域に密着したタイプが望まれる。第3は，公平性を確保するための地域間・階層間の所得再分配機能である。政財官の利益集団に歪められた中央主導の財政移転は大企業優遇という不公平，地方の自立を促進せず依存を生み出す財政移転，予算を裁量配分する中央官僚層の肥大と濫用などの弊害を生んだ。連邦国家ドイツは各州の自主財源を基礎とし，連帯の象徴としての地域間財政調整は中央官僚の裁量を許さずに，ルールに則り，透明で包括的な補助金の仕組みをつくっている。所得再分配は不可欠だが，中央の介入抜きに実施できるのであり，中央の役割は地域間の合意を形成するためのリーダーシップ役，調整役である。

　次に，分権化をめざす自治体間の連帯を検討しよう。両税移譲時に都市と農村の連帯が崩れたのは，自主財源の弱まった農村が自主財源よりも中央の補助金に走ったからであった。1940年の税制改革によって中央が農村の政治的支持と交換に補助金等で利益誘導し，都市と分断させる仕組みができた。戦後，これは農業を輸入によって破壊しながら公共投資により地方を維持するという形態をとった。だがすでに公共投資は無駄の象徴となり，インフラ整備による企業誘致策も失敗し，財政は破綻した。国際路線に転じた政府は輸入を強めながら補助金を抑え込み，農村に自助を強要するに至った。輸入を抑え自給率を高

めて農業を自立した産業とすることが対策の基本であり，都市住民も圧倒的にこれを支持している。農業の多面性を生かした都市との連携も進み出した。都市と農村の補完と連携に支えられたより広い地域（州）の自立化が，分権化の確かな基礎となる。

　高度成長末期に群生した革新自治体の間では，税源移譲を求める中央交渉を重視するか，都市経営による自主財源確保を重視するかの対立が生じた。その後，都市経営は自己膨張し，産業政策を欠いたため破綻した。1999年の地方分権法の成立時にも税源移譲が問題とされたが，肝心の都市自治体は借金財政のやり繰りに追われて中央依存を深めており，中央にいじめられるのを恐れて税源移譲の口をつぐんでしまい，運動は高まらなかった。

　幕藩体制から明治政府へ権力が移行したときのように，まず各地域が自力更生に乗り出し，多くの多彩な試行のなかから成功例を生み出し，これを教訓化して全国化し，多数派を形成する。ここで注意すべきなのは，自力更正策が地域間競争を引き起こすタイプの場合には地域間の連帯が成り立たず，中央の分断策に乗ぜられる点である。たとえば神戸港と大阪港は貨物の争奪戦を演じて過剰投資で共倒れとなった。大阪湾の3空港も然りである。震災時に兵庫県側が出した大復興計画は大阪府側から「焼け太り」という批判を招き，政府が予算を削減する口実となった。1970年代末，地方の時代で脚光を浴びた1村1品運動は企業の誘致競争ではないものの，成功例が一つ出ると多数が模倣して過剰供給に陥り，共倒れに終わった。これに対して内発型の地域政策の場合は地域の特性とニーズを基盤とする地元産業の振興策であり，地域内循環は他地域と競合せず，移出品は地域の独自性を基盤とするだけに模倣は困難である。この場合の模倣とは内発的発展の考え方や方法に関してである。一つの地域の成功が模倣によって他地域に波及しても競合せず，むしろ成功した双方の教訓の交流や需要効果によって相乗効果をもたらすことができる。さらにこうした地域が多数派になると日本経済の安定的発展が展望できる。そうなれば，成功した地域は積極的に教訓を広める動機を持つことになり，この波及メカニズムが多数派を形成する動因となる。

## 3　国際連帯

### 1）　国際派の危険

　ナショナリズムをかざした国際派は日本経済と世界経済の不安定要因となっているだけでなく，東アジアに脅威をもたらして緊張と軍拡の悪循環を招きかねなくなった。米国内ではことあるごとに「リメンバー・パールハーバー」が持ち出される。さらに対日脅威を一つの理由に結束する東南アジア諸国に対してアメリカ政府は，在日米軍が日本のタカ派を押さえ込んでいると主張して（ビンのふた論），在日米軍や日米安保条約を合理化している。その結果，日本はアジアの平和や発展になんの独自策も持てず，ひたすら米戦略に追随する醜態をさらしている。日本の対米依存を問題視する人々のなかにも，日本の自立性の強調がナショナリストに逆用されて戦前の帝国主義や軍国主義を呼び起こすのではないかという懸念が根強い。この懸念は戦前の経験や最近のナショナリストの台頭を前にして根拠なしとはいえない。日本経済が閉塞するほど対外冒険主義が台頭する以上，戦前との共通性にもとづく危険性とともに，その後に生じた根本的な多くの変化を踏まえて，日本とアジア，欧米とが平和裏に共生できる展望を提示することが重要となる。

### 2）　国際連帯の途

　日本の分権化，自立した地域の連邦化，これによる日本と世界の経済安定策は，アジアだけでなく米国をも含めた国際連帯の基礎となる。日本より50年ほど先行して工業化し，重化学工業化も自力達成して先進国として2度の大戦を引き起こした西ドイツは，第二次世界大戦後の改革で1871年に成立した集権制を完全解体してそれ以前の分権制に近い11州からなる連邦国家へ戻り，公式にナチス批判を徹底させてヨーロッパの一員に参加した。1989年，東西ドイツが合併する際には核兵器放棄宣言を行い，1991年のマーストリヒト条約によって1999年にはEUを発足させた。

　日本経済はキャッチ・アップによってアメリカと同じ発展段階に達したために，日米経済関係は補完面よりも対立面が多くなったのに対して，アジア経済とは市場，資源，資金，人材面において補完関係が大きい。日本の製造業のアジア進出が進むが，これを特区にとどめず進出先経済の内部に波及させて自立経済を形成するうえで，長期資金と情報面で日本が果たせる役割は大きい。日

本の過剰資金を国内循環させつつ，その余剰分をアジアの成長資金として活用できるならば，双方の利益は大きい。そのためには為替レートの安定が不可欠であり，まず日本経済の安定が条件となるし，アジア通貨基金などによって各国通貨レートを安定させなければならない。日本経済が不安定なままでは国内の資金過剰は解消されず，アメリカの資金市場へ短期の投機性資金として流失し，国際金融市場の不安定性を加速させることになる。

### 3） 対中脅威論

最後に，日本のナショナリストやブッシュ政権に台頭している対中脅威論について触れよう。米日の多国籍企業は成長性の高いアジア，中国市場へ直接生産に乗り出しているが，中国への依存を強めるほど，多国籍企業による乱獲・収奪への批判と中国政府の対応とが相まって，共産主義中国脅威論を言い出すようになる。これに対して，さしあたり次の3点を述べておく。第1に，1936年の第二次国共合作までは国民党は共産党に対して圧倒的優位に立っていたが，共産党軍が日本軍と対峙し，これを撃退するなかで支配地域を広げ，勢力が逆転した。日本軍を撃退したのは共産党軍であり，日本軍の侵略が共産党政権を成立させたともいえる。第2に，広大な国土と巨大な人口のため地方割拠主義が根強い中国を統一することは容易でなく，中国が不安定になればアジア全体が不安定になるという点である。国民党政権が成立したと仮定すれば，これは地主も資本家も軍閥も抱えたままであり，国内統一も政治的安定も経済発展も実現困難であったろう。改革開放以後の中国の安定的発展は目覚しく，東アジア圏全体の発展と安定に貢献している。他方，ソ連を崩壊させたロシアはIMFの提案を入れて急進改革策をとったが，その結果，経済は破綻してGDPを半減させ，不安定の震源となっている。しかも，中国の現状においては共産党政権に代われる政治勢力はない。第3に，中国政府の集権を支えている大きな要因は過去の日本と欧米の帝国主義侵略の歴史なのであり，また現時点でその復活の脅威なのである。日本の自己改革こそが求められる。

高度な工業力を有するに至った日本が，自国経済の成熟した安定的発展と国際的な共生の途を開くことこそが，日本にできる最大の国際貢献といえよう。